Michael Krüger
Literatur als Lebensmittel

Vorwort

Auch ich kenne Menschen, die nie (oder fast nie) ein Buch gelesen oder nicht einmal, mit Ausnahme der Bibel, in den Händen gehalten haben – es sind rechtschaffene Leute, die alles andere als blöd oder langweilig oder ungebildet sind. Manche von ihnen, die ich besser kannte, lasen täglich viele Stunden im Buche der Natur, wären aber nie auf die Idee gekommen, sich in einen klassischen Roman zu vertiefen – kein Goethe, kein Tolstoi, kein Flaubert. Aber auch kein Kafka, kein Robert Walser. Dem Typus des unbelesenen Menschen begegnet man häufig in der Memoirenliteratur. Er hat zwar nie Platon, Marx oder Heidegger gelesen, kennt dafür aber die richtigen Antworten, Schlupflöcher oder Ausreden. Freitag ist der Ahnherr dieses Typus. Würde man, wenn es hart auf hart ginge, sein Leben einem Schriftsteller anvertrauen oder einem Menschen, der die Schleichwege ins Freie wüsste? Mit anderen Worten: nichts gegen Menschen, die keine Bücher lesen.

Das endemische Lesen von Belletristik ist eine Erfindung des 18. Jahrhunderts, also relativ neu. Die Philosophen – von Kant bis Schopenhauer – haben es lächerlich zu machen versucht oder verdammt, verhindern konnten sie es nicht. Es war plötzlich da und nicht mehr wegzudenken. Und weil es sich so rasch vermehrte, entstand auch bald der Überdruß: Wer soll das alles lesen und warum? Dieser Schatten des Zuviel begleitet einen, der davon lebt, Bücher herzustellen und zu vertreiben; ein Schatten, der auf die Welt der Bücher fällt, ohne sie allerdings ganz zu verdunkeln. Denn natürlich werden immerfort die falschen Bücher gelesen, während die richtigen im Dämmer vor sich hin brüten.

Ich selbst habe mein ganzes Leben mit Büchern verbracht, obwohl ich eigentlich nie dem Idealbild der »Leseratte« entsprochen habe. Ich lese ganz unsystematisch und viel zu viel kreuz und quer, und wenn mich ein Buch nicht interessiert, lege ich es ohne Gewissensbisse beiseite. Und leider gehöre ich auch nicht zu den ordentlichen Menschen, die ihre Bücher kommentieren und die entscheidenden »Stellen« herausschreiben. Das klingt, als sei ich undankbar gegenüber den geduldigen Büchern, was keineswegs der Fall ist – ich bin ihnen unendlich dankbar. Bücher sind – neben Pasta, Tomaten und Olivenöl – meine wichtigsten Lebensmittel.

Ich danke meinen Kolleginnen vom Sanssouci-Verlag, daß sie mir – gegen meine Vorbehalte – wieder ein Büchlein aus dem offenbar unerschöpflichen Reservoir der Leitz-Ordner zusammengestellt haben. Und ich danke Marianne Zeller, ohne die gar nichts festgehalten worden wäre.

Warum soll man nun unbedingt dieses Buch lesen? Wo liegt der Gebrauchswert? Ich wäre froh, wenn ein Abglanz des Wärmestroms, der durch die Bücher geht, die mir etwas bedeuten, auf den Leser, die Leserin abstrahlt. Nicht mehr.

Juni 2008   *Michael Krüger*

I
Reden und Aufsätze

» ... aber sag ihr, sie soll weiter erzählen «

Ilse Aichinger 2006

I

Wer Ilse Aichinger kennenlernen will, sollte sich Zeit nehmen. Einer, der unter der Tür, noch im Mantel und den nassen Schirm in der Hand, schon eine Antwort erwartet, wird enttäuscht werden. Er wird, durch den Türspalt hindurch, vielleicht das eine oder andere Detail erhaschen, aber nie wird sich ihm der gewaltige Imaginationsraum öffnen, der sich hinter dem Einlaß auftut. Es ist eine verschachtelte Wohnung, in der Ilse Aichinger lebt. Es gibt die Zimmer der Kindheit, in denen das Sonnenlicht gehütet wird, und einen langen Korridor des Schreckens, der sich bis in die Nachkriegszeit streckt. Ein kleiner Raum ist ausschließlich Knöpfen vorbehalten, mit denen man Gedichte legen kann, ein anderer ist mit Ansichtskarten gefüllt aus Städten, die sich nur schwer im Atlas finden lassen. Daneben ein Heimkino für Schwarzweißfilme, die in Endlosschleife gezeigt werden. Die Zimmer der Erinnerung, abgedunkelt. Ein großer Raum allein für Fragen, die wie Fledermäuse von der Decke hängen. Sie schwirren um dich herum, ohne auf dich aufzuprallen. Eine Frage lautet: »Oder haben Sie eine Ahnung, weshalb sich Rahel ihr Zeug nicht nachschicken läßt? Nach siebzehn Jahren?« Und während man noch grübelt, kommt

schon die nächste Frage: »Kenne ich mich? Mich –
mich – mich – mich?« Darf man so fragen? »Wie heißt
die letzte Frage? Mein Fahrer dreht das Licht im Wagen an, liest seine Uhr ab, wird mir den Preis gleich
nennen. Wie heißt die letzte Frage? Wie heißt sie? Ja.
So heißt sie. Mein Wagen hält.« Man sollte schwindel-
frei sein, wenn man Ilse Aichingers Wohnung betritt.
Und einen Sinn für das Paradoxe haben. Der eigen-
artigste Raum allerdings, der sich durch alle Zimmer
zieht, ist der Raum der Poesie. Von ihm gehen Fenster
in die Stube der Märchen, wo alte Kommoden vor sich
hin brüten, in die seltsam karg möblierte Kammer der
Mythologie und des Zaubers, und eines zeigt, mit er-
schreckender Deutlichkeit, die Gegenwart.

2

Die Leser von Ilse Aichinger bilden eine verschworene
Gemeinschaft, aber keine Geheimgesellschaft, zu der
nur Eingeweihte Zutritt haben. Kein Codewort, keine
Gesichtskontrolle, kein Ausweis, kein Chip. Jeder ist
willkommen, der ein gewisses Zutrauen zu den Dingen hat, die sich bei ihr nie so verhalten, wie man es
sich wünscht. Auch ein stabiles Verhältnis zur Logik,
die einer harten Prüfung ausgesetzt wird, sollte man
mitbringen, dafür keine Meinungen, schon gar keine
vorgefaßten. Die Verehrer schneller Antworten (und
dickleibiger Romane) halten den Sprachraum von Ilse
Aichinger für »hermetisch«, eine Bezeichnung, die
nur im Deutschen abwertend klingt (»würde ich nicht
lesen, zu hermetisch«), im Italienischen dagegen als
Auszeichnung gilt: Ungaretti, Montale oder Luzi wer-

den geschätzt, weil deren Sprache sich nicht gemein macht mit der Alltagssprache, obwohl jedes Wort, das sie schreiben, bekannt ist und auch von Ilse Aichinger gebraucht wird. Manchmal freut man sich, wenn bestimmte Leser Reißaus nehmen, weil diese Autorin dann einem mehr, intensiver gehört; man möchte sie nicht mit zu vielen teilen. Eines ihrer Bücher, *Schlechte Wörter*, beginnt sie mit dem Satz: »Ich gebrauche jetzt die besseren Wörter nicht mehr.« Das gibt einen Stich – kann man Wörter moralisch qualifizieren? Gibt es bessere und schlechtere Wörter? Schon ist man in einem Spiegelkabinett gefangen, man läuft sich entgegen, indem man sich von sich entfernt, und die Wörter, die besseren und die schlechteren, vertauschen fortwährend ihren angestammten Platz. Die zweite Geschichte dieses Buches beginnt mit der lapidaren Feststellung: »Wir haben jetzt Flecken auf unsern Sesseln.« Na und? fragt man sich, wäre die Welt anders ohne diese Flecken? »Das ist eine müßige Frage«, schreibt Ilse Aichinger, »sie wäre anders. Sie wäre ohne diese Flecken.« Und dann beginnt eine Höllenfahrt durch die von den Flecken infizierte, beschmutzte Welt, alles gerät unter Verdacht, alles wird in Frage gestellt. Und am Schluß heißt es über die unschuldigen Flecken: »Vielleicht sind sie überhaupt Anfänge von Vorstellungen. Weil es Anfänge nicht gibt. Diese Flecken siegen. Sie siegen auch.«

Und die dritte der Verkehrte-Welt-Geschichten der *Schlechten Wörter* heißt »Zweifel an Balkonen« und versucht die Frage zu klären: »Wer sind sie, die Balkone der Heimatländer, die großen unscheinbaren Täuscher?« Man kann sich vorstellen, daß einer, der für diese Merk- und Denkwürdigkeiten keinen Sinn und kein Auge hat und sich diesen Fragen nicht gewachsen fühlt, bei einer Wirklichkeit Zuflucht sucht, bei der Balkone lediglich Ausbuchtungen an Häusern darstellen, auf denen man sitzen und Kaffee trinken kann. Es stimmt schon, in Ilse Aichingers Schreiben geht es unvertrauter zu als in der Geschichtsschreibung oder der Liebe, die wir ja alle spielend verstehen und »beherrschen«.

3

Ein paar Ilse-Aichinger-Sätze, ins Stammbuch: »Nichts preisgeben, hört ihr, alles für euch behalten.« – »Wenn ich überhaupt nichts mehr erzählte und auch auf Fragen nur im äußersten Fall und nur dem Schein nach einginge?« – »Soll man wieder beginnen, die alten rührseligen Geschichten zu erzählen? Das Mitleid heraufbeschwören?« – »...aber sag ihr, sie soll weiter erzählen.« Vier Sätze, aus vier Geschichten, aus dem Zusammenhang gerissen, einen Zusammenhang erzwingend. »Niemand kann von mir verlangen, daß ich Zusammenhänge herstelle, solange sie vermeidbar sind. Ich bin nicht wahllos wie das Leben...«, sagt eine/r, und: »Ich will nicht auffallen, ich mische mich lieber unauffällig hinein. Ich schaue zu. Ich schaue zu, wie alles und jedes seine rasche, unzutreffende Bezeichnung bekommt, ich tue sogar seit kurzem mit. Der Unterschied ist nur: Ich weiß, was ich tue. Ich weiß, daß die Welt schlechter ist als ihr Name und daß deshalb auch ihr Name schlecht ist.«

Dem ist nichts hinzuzufügen.

4

Ich glaube, ich muß Ilse Aichinger nicht vorstellen. Fällt ihr Name, stehen uns sofort ihre Bücher vor Augen: der Roman *Die größere Hoffnung*, dessen Titel für eine ganze Generation wie ein Leitspruch wirkte, nachdem die ganz große Hoffnung sich nicht erfüllt hatte. Die Geschichte von Ellen, die hinter dem fälschlich gebrauchten Titel steckt, Kind einer jüdischen Mutter und eines in schlimmer Zeit alles andere als christlich reagierenden Vaters, diese Geschichte einer großen Hoffnung, 1948 veröffentlicht, vor mehr als fünfzig Jahren, hat keiner vergessen, der sie je gelesen hat – und wer sie nicht gelesen hat, der ist mit einer Inhaltsangabe in diesem Fall auch nicht gut versorgt. Schon dieser schöne, niederschmetternde frühe Text ist ein flirrendes Sprachwunder, das sich trotz seines manifesten politischen Inhalts nicht dazu überreden läßt, in der Sprache »der Zeit danach« sich lesen zu lassen. *Die größere Hoffnung* ist, überspitzt ausgedrückt, das absolute Gegenstück zur Sprache der Adenauer-Zeit: In diesem Roman zeigt sich schon überdeutlich, daß der Sprachweg von Ilse Aichinger mit der Sprache der entstehenden Republiken nicht parallel lief. »Über den umkämpften Brücken stand der Morgenstern« – so hört die Geschichte von Ellen, die auf der Brücke den Tod findet, auf. Mit diesem lakonischen Schlußsatz, der den einen wie blutige Ironie klang, von anderen als Zeichen der Hoffnung gelesen wurde, mit diesem Brückensatz, der eine fürchterliche Vergangenheit mit einer ungewissen Zukunft verbindet, schrieb sich Ilse Aichinger in die deutschsprachige Literatur.

Und über der Brücke der helle Stern, der Morgenstern.

Sie hat nie wieder einen Roman geschrieben, und vielleicht ist es auch klüger, *Die größere Hoffnung* in *das* Regal zu stellen, wo die Bände mit lyrischer Prosa und die Gedichte stehen. Die Geschichte, so kann man wohl sagen, war und ist für Ilse Aichinger zu monströs, um sie ordentlich in Geschichten verpacken zu können. Jedenfalls nicht mit der Sprache, die ihr vorher und nachher zur Verfügung gestellt wurde, was sie später einmal in den nur scheinbar paradoxen Satz gekleidet hat: »Meine Sprache und ich, wir reden nicht miteinander, wir haben uns nichts zu sagen.«

Dieses Paradox hat – so paradox es klingt – ihr Werk hervorgebracht: Die *Schlechten Wörter* und den *Verschenkten Rat*, der zu meinen nicht auslesbaren Lieblingsbüchern gehört. Es sind Ratschläge, die man beherzigen muß. Beherzigen – auch ohne jede Etymologie summt dieses Wort in meinem Kopf herum.

> *Gib mir den Mantel, Martin,*
> *aber geh erst vom Sattel*
> *und laß dein Schwert, wo es ist,*
> *gib mir den ganzen.*

Das Gedicht heißt doppeldeutig »Nachruf«; es ist ein Nachrufen dem schon weiterreitenden St. Martin hinterher, das sich nicht abspeisen läßt mit einer milden Gabe, und es ist ein Epitaph auf die Mildtätigkeit, auf die falsche Solidarität. Die Gedichte aus dem *Verschenkten Rat* sind oft als dunkel, verschlossen bezeichnet worden. Ja, so bezeichnen wir sprachliche Gebilde, die sich nicht mit einem Blick aufnehmen – und erledigen lassen. Ilse Aichinger ist und bleibt die

Dichterin des Unerledigten, die seit der *Größeren Hoff-nung* nicht davon ablassen will, dieses Unerledigte zu präsentieren. Wir müssen sie beherzt lesen, dann erst können wir ihre Ratschläge wirklich beherzigen: als unmittelbare Aufforderungen.

5

Auf die Frage: Wer oder was hätten Sie sein mögen? lautete Ilse Aichingers Antwort: Niemand und nichts.

Liebe Ilse, Du hast es uns nie leicht gemacht. Dafür danken wir Dir.

Der Einzelne und die Vielen

Über Botho Strauß

Romane, auch wenn sie nur die alten Geschichten oder gar nichts zu erzählen haben, nähren die offenbar willkommene Illusion, mit der Literatur sei es noch lange nicht am Ende. Jeder Eckenhocker, der sich seufzend durch einen Fantasyroman tragen läßt, jede Liebesentwöhnte, der seitenlanger Kitsch das Leiden versüßt, und jeder treue Kunde des historischen Romans, der auf der Flucht vor den kalten Abstraktionen der gegenwärtigen Misere sich in die vergangenen Schlachten der Geschichte stürzt, sie alle, die aus dem einen oder anderen Grund gelegentlich erzähltes Leben in der Hand halten, tauchen in den immer noch stolz präsentierten Statistiken zum kulturellen Stand einer Gesellschaft auf der Habenseite auf. Und jedem, der an dieser statistischen Hochrechnung berechtigte Zweifel anmeldet, wird eine arrogant-larmoyante, kulturkonservative Attitüde vorgeworfen, als wären Verzweiflung, Wut und Trauer über den Verlust der Literatur als Kunst in einer fortschrittlichen Welt mit sich ändernden ästhetischen Vorstellungen unangebracht. Hauptsache, es wird gelesen. Wenn aber die fortschreitende Rückentwicklung so weit geht, daß kulturelle Verluste entweder gar nicht mehr beklagt werden (dürfen) oder, auf der modernen Seite, ihr Verschwinden sogar für besonders wertvoll erachtet wird, als Entsorgung belastenden

Materials, als Triumph über Rückständigkeit und als wahre Ankunft in der Gegenwart, die eben ist, wie sie ist, und sich gewissermaßen ohne unser Zutun entwickelt, dann entsteht genau dieses Klima der kulturellen Gleichgültigkeit, der schlaffen Zustimmung oder Ablehnung, wie wir es heute erleben. Für gebildeten Nachwuchs, das ist mittlerweile jedem aufmerksamen Beobachter klar, wird auch nicht mehr gesorgt. Keiner (und schon gar nicht die Professoren) traut der Universität unseres Zuschnitts zu, eine Wende zum Besseren einzuleiten; man kann das Dach ausbessern, ein Fenster erneuern, die Tür ölen, aber insgesamt bleibt das Gebäude ein nicht zu bezahlender Sanierungsfall. Wir treten unser kulturelles Erbe, das nur noch als Begriff vorkommt, nicht mit den Füßen, wir ignorieren es. In dieser heillosen, undurchsichtigen Situation triumphiert der Roman, wenn dieses Adjektiv überhaupt noch angebracht ist. Er bringt zusammen, was im Raum der menschlichen Gewohnheiten vorkommt, was Menschen erleiden und denken, ihre Gefühle und Sehnsüchte, und je allgemeiner er davon berichtet, je anstrengungsloser er seine Geschichten anbietet, desto erfolgreicher wird er aufgenommen. Der verrückte römische Herrscher oder die eigene verrückte Großmutter, der machtgierige Despot oder der neidische Nachbar, die liebestolle Kurtisane oder die schmachtende Tochter, alles, was in den Köpfen der Menschen herumspukt, fließt in die aufnahmebereiten Romane, deren Fassungsvermögen so unendlich zu sein scheint wie die aufnahmebereiten Hirne der Leser. Dem modernen Roman ist jedes Futter recht. Er ist das Genre für die Vielen. Ihm gilt das noch übrig gebliebene Interesse des literarischen Geschmacks.

Der Sieg des synthetischen, alle Regeln des Marktes befolgenden Unterhaltungsromans drückt eine Figur noch stärker in den Hintergrund, die ohnedies, ihrer literarischen Konstitution zufolge, stets am Rande stand, im Schatten: den Sinnierer und Träumer, den Leser von garantiert unmodischen Büchern und Verfasser von Adnoten, den beharrlichen Tagebuchschreiber, der weder die Party besucht noch die Diskussionsrunde zu den uns allen auf den Nägeln brennenden Fragen, der sich nicht an Umfragen beteiligt und dennoch darauf besteht, Zeitgenosse zu sein, der plötzlich in der Menge auftaucht und ebenso plötzlich wieder verschwindet, der Wartende mit dem fragenden Blick, der die Mythen liebt und als verläßliche Erkenntnisquelle benützt, der Leidende und Empfindsame, der trotzdem ein passionierter Denker ist, der Moralist ohne moralisierenden Paß, der das Vollkommene als das Unerreichbare ehrt – kurz: der Einzelne. »Ist aber der Einzelne«, schreibt Botho Strauß, »nur ein Privatmann, ein *idiotes*, ein Stümper am Allgemeinen – oder ist er nicht vielmehr auch die Achse der Menge? Der Blitzableiter für Blitze, die aus ihrem dunklen Willen schlagen. Seine ganze Ausdehnung geht ja in die Senkrechte. Während die verbundenen Menschen sich in großer Zahl gegen den Horizont erstrecken. Ja, die Stärkung des Einzelnen; des armen Kierkegaardschen Einzelnen. Vielleicht geht es mir überhaupt nur darum. Vielleicht bin ich nur zur Schrift gelangt, um der sozialen Aufgabe zu genügen, etwas zur Empirie und zur Zuversicht des Einzelnen beizutragen.« Der Einzelne und sein prekäres Eigentum: sein zugleich träumerischer und analytischer Blick, der nur in der Absonderung von den interessierten oder gelangweilten Gemeinschaftsmenschen zu seiner ihm gemäßen Brennweite findet; sein Interesse an kulturellen Myzelien; sein oft schwermütiges, acedisches Denken, das in der Vereinzelung sich manchmal härtet, manchmal zur Verzweiflung neigt. Aber auch: sein unbändiger, durch nichts, vor allem nicht durch Konvention zu bändigender Wissensdrang und seine Bereitschaft, dieses täglich neu herangeschwemmte Wissen zu deuten und zu verstehen. So wie Tradition, zum beleidigten Kummer der Konservativen, eben nicht vererbt werden kann, sondern, heute meist ohne jede Hilfestellung, allein erarbeitet werden muß, so muß auch das neue Wissen gedeutet und verstanden werden, um aus der politischen (also bloß zustimmenden oder bloß ablehnenden) Reflex-Haltung eine eigene Haltung zu entwickeln. Und schließlich die Weigerung des Einzelnen, die Bestände abzuschreiben, vor allem die metaphysischen; gerade die fatale Leichtfertigkeit im Umgang mit dem, was uns geformt hat, mag der Einzelne nicht akzeptieren, auch wenn er weiß, daß er sich dadurch nicht in einen aristokratischen Individualismus hüllen kann. Er neigt eher den Häretikern zu, die grundsätzlich Zweifel gegenüber den von Menschen ausgedachten universellen moralischen Prinzipien haben, aber von der Existenz dieser Prinzipien gleichwohl überzeugt sind. Nur wer es sich mit der Metaphysik schwer macht und deren Suggestionskraft ermessen kann, findet in ihnen die richtigen Gesprächspartner. Der Einzelne ist kein Freund von Gutartigkeiten.

Warum ist es in Deutschland nie gelungen, einem schneidenden, passionierten Denker wie E. M. Cioran einen seinem Rang gemäßen Platz zwischen den großen Blöcken des systematischen Denkens anzubieten?

Dieser träumerische Exorzist, der sämtliche Linien der traditionellen Schulen durchkreuzt, der die Religionen herausfordert und die Geschichtskonstrukteure mit beißendem Hohn überschüttet, hat hier nur bei den Dichtern wirkliche Aufnahme gefunden, von Paul Celan, seinem ersten Übersetzer, bis zu Botho Strauß. Kann es daran liegen, daß er sein herausforderndes Denken, seine bedingungslose Kritik der Macht, stets in Fragmenten vorgetragen hat, die erst *ex post*, in der Rückschau, sich als geschlossene (wenn auch nicht abgeschlossene) denkerische Leistung zeigen können? Ist dieser Wille zum Fragment, der seine außerordentliche Kraft aus der Ablehnung jeglicher Systeme zieht, die für Cioran doch auch nur wieder in eine positive Form einer falschen Gegenwartsbewältigung münden, für deutsche Schriftsteller und Denker unakzeptabel, während die Franzosen gerade diese Unbotmäßigkeit gegenüber der herrschenden Weltanschauung und ihrer schriftlichen Fixierung an ihm rühmen? Die Fragmentariker haben in einem Land, das erst spät seinen Roman, die ihm offenbar gemäße Erzählung gefunden hat, schlechte Karten.

Mag sein, daß die evidente Nähe der philosophisch gebildeten, aber literarisch schreibenden Fragmentariker zu den Dichtern ihre guten Gründe hat. Während die »objektive« Philosophie stets einen festen Adressaten ins Auge nimmt, dem sie die Welt erklären will (den Staat, die Frauen, Europa, das Recht), will der (freiwillige oder unfreiwillige) Liebhaber des Fragments die Welt an sich selbst, durch sich selbst begreifen: in einem emphatischen Augenblick. Botho Strauß hat die Krankheit, die diese »Literatur der untröstlichen Tröster« hervorgebracht hat (und immer noch, wenn auch im Verborgenen, hervorbringt), Montaigneismus genannt. Sie bezeichnet eine seelische Disposition, die sich weder durch regelmäßige Injektionen von Fortschrittsgläubigkeit noch durch Einnahme von gesellschaftsverträglichen Antimelancholika heilen läßt. Die leidenschaftliche Hingabe des von ihr Befallenen gehört dem Tagebuch, der Kladde, dem *journal intime*, dem zufälligen Zettel, dem er mit größtmöglicher Offenheit alles anvertraut, was ihm vor Augen getreten und in den Leib gefahren ist. Es versteht sich von selber, daß Schriftsteller dieser Art alles andere als eine repräsentative Literatur hervorbringen. (Was nicht heißen muß, aber heißen kann, daß diese Autoren unter mangelndem Selbstbewußtsein leiden.)

Botho Strauß ist einer der letzten Schriftsteller, die sich nicht damit abfinden können, daß wir uns abgefunden haben, uns haben abfinden lassen. Dieses »Wir« ist begrifflich schwer zu fassen. Früher (also noch eben), bei Broch, Kracauer, Canetti, Hannah Arendt, war es die Masse, die Masse Mensch der großen Ideologien, die mit schwerem Gepäck aus dem neunzehnten Jahrhundert ins zwanzigste stolperte, die in die Kriege zog oder gezogen wurde, die die Technik feierte (die dann über sie triumphierte) oder ablehnte (was ihr die Technik übel vergalt), die die Revolutionen anbetete, die schwarzen und die roten, und immer von ihr geschlagen wurde: Diese Masse, die »wir« bilden, gehörte zu den festen Größen des aufgeklärten Denkens. Diese Wir-Masse hat die Massenkultur hervorgebracht und die Massenpsychologie, den Massenwahn und den Massenkonsum, nämlich uns, die Mitglieder einer Massendemokratie mit einem Massenkonsens. Alle zentrifugalen, abstehenden, dem Konsens nicht dienlichen Haltungen werden abgeschnitten, ausgetrocknet, eingeebnet oder mundtot gemacht; alle Verunreinigungen und Vermischungen, alles Ergriffene und Erleuchtete wird in einem bürokratischen Prozeß unterbunden. Wir haben uns damit abgefunden, wie wir uns, weil es ja irgendwie weitergehen muß, mit fast allem abgefunden haben, auch wenn die Welt sonderbarerweise noch immer nicht so aussieht, wie sie nach den farbigen Prospekten der selbstbewußten Zukunftsmaler eigentlich aussehen sollte. Sie ist das alte Elend geblieben, nur dürfen »wir« es nicht sagen. Würden »wir« es sagen, im Parlament und auf der Straße, am Wirtshaustisch und unter Freunden, würden »wir« unser eigenes Urteil fällen. »Wir« sind gezwungen, entweder so wie alle zu reden, konsensfähig, belletristisch, am Ende dem Ausgleich verpflichtet, oder den Mund zu halten. Vielleicht ist das der Grund, warum man so viele Brabbler auf der Straße sieht, die abwechselnd mit sich selbst schimpfen oder die Menschheit verfluchen, die vor imaginären Parlamenten die Sau rauslassen oder nicht davor zurückschrecken, Gott lauthals einen Lumpen zu nennen.

Dem Wir-Menschen steht im poetischen Denken von Botho Strauß immer der Einzelne gegenüber: »Natürlich ist es eine Donquichotterie – es ist sogar ein großer Unfug, Ich zu sein. Vermutlich das letzte Ich, das letzte Subjekt überhaupt: nach mir die Systeme, die Programme ... Aber dennoch. Was weiß man schon von unseren tragischen Progressionen? Es könnte alles auch anders kommen. Das Allgemeine wird funktionieren und seine Funktionen werden wesenlos lächeln. Der Einzelne aber wird einzelner sein als je zuvor in der Geschichte.«

Um die Stärkung dieses Einzelnen geht es. Um sein Leben und Denken jenseits der gesellschaftlichen Blökke, jenseits der konsensfähigen Vereinbarungen. Um die Sicherung der Spuren, die sein Denken hinterlassen hat. Um das Weiterspinnen seiner Gedanken. Um die Verdeutlichung seiner Physiognomie. Selbstverständlich ist dieser Einzelne auch Teil einer Wir-Masse, aber sein Auge blickt nicht starr ins Zentrum, weil ihn das Allgemeine nicht sonderlich bewegt. Er hat andere Interessen, andere Wahrnehmungen, andere Vorlieben. Und je länger er sein randständiges Leben führt, desto schwerer wird er auch eine andere Lebensform akzeptieren können.

*

Die Autoren von Aufzeichnungsbüchern, von Cioran und Canetti bis zu Jünger und Botho Strauß, unterscheiden sich von allen anderen, die ihren Ehrgeiz an narrativen Tableaus abarbeiten, sich in der stilistisch unverwechselbaren Beschreibung von gesellschaftlichen Zuständen oder subjektiven Seelenzuständen üben, dadurch, daß sie an Ideen, an geschichtlichen Eigentümlichkeiten, an dem sich entwickelnden Wissen interessiert sind. Sie untersuchen nicht vordringlich »die« Wahrheit, sondern wie die sich immer schneller ablösenden »Wahrheiten« das Bewußtsein affizieren. Zunächst und vor allem: das eigene Bewußtsein. Diese geduldigen Horcher auf die eigenen Schwingungen haben sich nicht verschrieben, nicht »der Nation, der Arbeiterklasse, der Partei«, wie es bei Octavio Paz heißt, sondern sich selbst, auch wenn oder gerade weil dieses Selbst das Fragwürdigste ist, was ihrem Forscherdrang zur Verfügung steht. »Das erste, was ein wahrhaftiger Schriftsteller tut, ist, an seiner eigenen Existenz zu zweifeln.« Die mit der sich beschleunigenden Veränderung unserer Lebensbedingungen parallel laufende Massierung von neuen Ansichten, Meinungen, Rezepturen und Sinnangeboten, die sich beim ersten Umdrehen bereits im *Sale*, auf dem Wühltisch der Trendforscher befinden, wird der einzelgängerische, an sich selbst Maß nehmende Diarist links und rechts liegenlassen. Dabei läßt er sich von der Zersetzung alter Gewißheiten am ehesten erschüttern; er ist das Epizentrum des Verfalls schlechthin. Nur baut er aus den herumliegenden Trümmern nicht sofort wieder ein Haus, von dem er behauptet, es werde die nächsten Beben überstehen. Da er weiß, daß die Krise auf Dauer gestellt ist und eine Heilung des Gesellschafts- und Weltkörpers nur von Ideologen propagiert werden kann, mißtraut er den nie um Worte verlegenen Großmeistern und der kohärenten Weltbilder und vertraut lieber nur auf die eigenen seismischen Fähigkeiten. Dieser Verzicht ist oft teuer erkauft, denn trotz der fast immer wieder sich einstellenden Enttäuschungen verlangt das öffentliche Bewußtsein offenbar nach diesen kurzfristig wirkenden Theorie-Placebos, um das Gespräch nicht abbrechen zu lassen. Eben noch lag die Zukunft der Welt in den geschickten Händen der Neurowissenschaftler, die jede Form von Wahrheit, Vereinbarung und Verläßlichkeit als illusionäre Spielerei unsres Gehirns abgetan haben, schon wird die Religion aus dem Fertigteilbaukasten geholt, um als letzte, »unhintergehbare« Wahrheit in unserer herzlosen Gesellschaft zu dienen. Das nomadische Bewußtsein der Moderne zieht von Weideplatz zu Weideplatz, ohne je satt zu werden. Es kommt nicht mehr zur Ruhe. Da auch über der neuen religiösen Spiritualität kein metaphysischer Himmel aufgespannt ist, wird auch diese vermeintlich sichere Heimstatt bald wieder verlassen werden. Nun führt diese Erkenntnis keineswegs zu der vielleicht schockierenden Überlegung, daß wir ohne eine metaphysische Bindung, die mehr wäre als ein Als-ob, vielleicht dazu verdammt sind, für immer und ewig zwischen den Weltbildern zu nomadisieren, weil es einen festen Ort, zu dem wir unterwegs sein könnten, nicht mehr gibt. Das wäre immerhin, trotz der geschichtsphilosophischen Negativität, die darin beschlossen ist, eine Alternative zu den positiven Versprechungen der je neuen Heilsgewißheit. Aber offenbar ist die Botschaft, daß in der dunklen Ferne kein erleuchtetes Haus mehr auf uns wartet, zu alarmierend, um uns damit anzufreunden. Also weiter. Oder nicht? Eine Alternative wäre das Innehalten, das Horchen, das Warten, die Genügsamkeit, obwohl diese im Musterkatalog gegenwärtiger Verhaltensweisen offiziell keineswegs zugelassenen Tugenden nicht gerade populär sind. Wer wartet, ist schon abgehängt. Er kann dann entweder so lange ausharren, bis die Avantgarde wieder vorbeikommt auf ihrem zirkulären Parcours, oder eben bis zum bitteren Ende. Eine andere Alternative wäre es, mit seiner Zeit zu brechen. Wäre das nicht, fragt Botho Strauß, die Stunde des Dichters. Oder sind die Dichter in dieser Gesellschaft auch nur »eine Minderheit unter anderen, eine Gruppe von Behinderten unter anderen, die längst auf die Allgemeingültigkeit ihrer Rede verzichtet hat? Hat uns die Macht des Vielfältigen, die bunte Liste der tausend Spleens und Richtigkeiten nicht unfähig gemacht, einem wie auch immer imaginären *Ganzen* gegenüber die exzentrische oder avantgardistische Stellung zu beziehen, durch die es erst Gestalt gewinnt? Ich rede nicht von den Journalisten, die sich Schriftsteller nennen und die allemal das Bedürfnis ›dieser Tage‹ zu befriedigen verstehen. Ich rede einzig von den schwierigen Spielern, den Erben der Moderne, den unruhigen Traditionalisten, den pathetischen Manieristen und allen übrigen, die in den Augen der Mehrheit für überflüssige Spinner gelten. Und davon gibt es ja nur noch wenige, verschwindend wenige. Ausgerechnet jetzt, da der Konsum total geworden ist (und in diesem Punkt unterscheidet sich die Lektüre der Randgruppen in nichts von der des Lesering-Publikums), fehlt es doch an einer neuen Literatur, die aus der entschiedenen Absage an diese Konsumierbarkeit eine große und wesentliche Kraft bezöge … Aber in einer Zeit, in der die Literatur selbst zum Außenseiter der Kultur geworden ist, wird der Außenseiter in der Literatur aus seiner exzentrischen Rolle verdrängt.«

Vielleicht lebst du weiter im Stein

Über Hermann Lenz

I.

Wenn man die großen Anthologien der letzten Jahre durchsieht, die den ehrgeizigen Anspruch verfolgen, die bedeutendsten Gedichte der Nachkriegszeit zu präsentieren, dann wird man nur selten auf lyrische Texte von Hermann Lenz stoßen. Er ist weder unter den Dichtern zu finden, die noch vor Ende des Krieges ihre ersten Verse veröffentlichten und schließlich vorzeigen konnten, was in dunklen Jahren entstanden war, noch unter denen, die nach dem Verebben der hohen Wellen der sich ablösenden Avantgarden in den Blick gerieten. Gibt es gute (oder schlechte) Gründe dafür, daß dieser eigenwillige, weltlich-fromme Dichter durch alle Siebe gefallen ist, die von den nicht besonders sorgfältigen Spezialisten des »Was bleibt?« benutzt werden, um der Literaturgeschichte ihre philologische Physiognomie aufzuprägen? War man vielleicht der Ansicht, daß nach der freundlichen Aufforderung von Peter Handke (die gottlob wie ein Befehl wirkte), das erzählerische Werk von Hermann Lenz zu lesen, genug getan worden sei für einen Autor, der, wenn es um einen ordentlichen, repräsentativen Sitz im Parnaß ging, doch eher eine Wiese bevorzugte, am Waldrand, mit einem freien Blick in die Ebene? Waren die Bescheidenheitsgesten dieses lauteren (und später natürlich auch selbstbewußten, was sich nicht ausschließen muß) Dichters so überdeutlich, daß man ihn der etwas lauteren Konkurrenz nicht aussetzen wollte? Fragen über Fragen, die von den gewitzten Literaturhistorikern und Anthologisten beantwortet werden sollten – oder auch nicht, wie Hermann Lenz gesagt hätte, der in dieser Hinsicht ohne Illusionen war: »Vielleicht gelingt's und du überlebst. / Nein, sie machen dich fertig.« Es ist jedenfalls beruhigend, die keineswegs, wie oft behauptet wurde, heimeligen oder naturseligen Gedichte von Hermann Lenz wieder lesen zu können, noch dazu in einer Reihe, in der viele der Dichter erschienen sind, mit deren Werk Hermann Lenz auf gutem Fuß stand, von Günter Eich und Peter Huchel bis zu Paul Celan.

2.

In den Gedichten von Hermann Lenz geht es unheimlich zu, und je länger man liest, desto tiefer rutscht man in eine Dimension des Unvertrauten, Gefährdeten, Brüchigen. Dabei sind die Anlässe alles andere als heikel, wie schon die lakonischen Titel verraten, und der beiläufige Ton, der unangestrengte Rhythmus und die klare, leichte Form suggerieren, daß alles seine gute Ordnung hat. »Nach Venedig«, »Meeresluft«, »Frühling« – konventioneller und zuversichtlicher kann man gar nicht beginnen. Muß man hinter dieser Einsilbigkeit Falltüren erwarten oder ist dieser Verzicht auf Vieldeutigkeit selbst schon vieldeutig? Wer so wenig redselig, so reduktionistisch anhebt, denkt man, muß entweder hoffnungslos naiv sein oder über ein Selbstvertrauen verfügen, das sich durch nichts aus der Ruhe bringen läßt. Aber kaum hat man sich auf die Idylle eingestellt, kaum hat man sich mit dem Dichter niedergelassen, um in Ruhe einen meditativen Blick auf die Welt zu werfen, einen ganz und gar reinen, unschuldigen Blick, beginnt der Boden unter einem zu wackeln. Genau dieser Fleck Erde, den man sich ausgesucht hat, weil er fernab der großen Interessen eine relative Sicherheit zu bieten schien im Geschiebe und Getriebe einer pumpenden, atemlosen Welt, genau dieser Fleck scheint plötzlich der unsicherste Ort auf Erden zu sein. Und nun? Aufspringen, zurückgehen in die Gebiete, wo man unter Menschen ist, die offenbar gar nichts gemerkt haben? Nein, wer sich Hermann Lenz, dem Seismographen, angeschlossen hat, bleibt erst einmal sitzen und wartet ab. Hektik, Gefuchtel, Aufgeregtheit sind Ausdrucksformen, die man bei ihm nicht lernen kann. Er horcht. Er sieht, wie sich die Gräser bewegen. Er sagt mit stoischer Ruhe in klaren Sätzen, was er beobachtet hat. Und das einzige Indiz, woran wir erkennen können, daß er gemerkt hat, daß etwas nicht stimmt, ist eine kurze Frage am Schluß, bevor er sich erhebt und mit einem leichten Seufzer von dannen geht. »Ob du nächstes Jahr wiederkommst?«, fragt er, oder: »Wie lang es noch hält?« oder: »Wo wirst du auftauchen?« Er spricht diese Schlußfragen leise aus, beiseite, als wolle er nicht stören. Er möchte uns auf gar keinen Fall verstören. Dieser Liebhaber gestörter Idyllen ist der diskreteste Dichter unserer Zeit.

Ein großer Teil der Gedichte von Hermann Lenz besteht aus Selbstgesprächen. Während der Epiker, besonders in seinem autobiographischen Romanwerk, der Zeit ins Gesicht sehen mußte, um Distanz zu schaffen zwischen seinem Lebenslauf und dem Lauf der Geschichte, braucht der Dichter Lenz keine Umwege, keine Erklärungen, nicht einmal rhetorische Tricks oder allegorische Verklärungen, weder Ironie noch Zweideutigkeiten. Ästhetische Reflexionen wird man in diesen Gedichten nicht finden. Hermann Lenz, der auf Metaphern verzichtet, hat nicht die Absicht, sich hinter Worten zu verstecken, sondern will mit den wenigen Worten, die seine Gedichte ausmachen, etwas auf den Punkt bringen: »Warum du am Leben hängst, weißt du nicht.« – »Froh, nicht alles wissen zu müssen, / Keine Ahnung zu haben von …« – »Vielleicht gehst du den falschen Weg.« All das sind Formulierungen eines Selbstgesprächs, lapidare Feststellungen eines Menschen, der in höchster Einsamkeit sich an sich selbst wendet: »Was du redest, hörst nur du selbst.« – »Dir fällt ein, / Daß du allein bist und schreibst. / An wen? An dich selber.« Und irgendwann, wenn selbst das Schreiben nicht mehr hilft, den lose gewordenen Kontakt mit der Welt zu garantieren, heißt es: »Leg die Feder beiseite / Und schau vor dich hin.«

Es gibt wohl keinen Dichter seiner Generation, der illusionsloser und härter, also unsentimentaler, den geschichtsphilosophischen oder theologischen oder auch nur alltäglich-lebenspraktischen Versprechungen widersprochen hätte. Nein, nicht einmal Widerspruch meldet er an. Widerspruch wäre bereits ein Einlassen auf die Gesetze und Regeln, bedeutete ein aktives Teilnehmen, ein Eingreifen, also das Gegenteil dessen, was er für sich selbst beansprucht: »Du hoffst, / Daß dich nichts mehr berührt.« Dieser Verzicht auf Trost, von wem immer er kommen sollte, gibt den Gedichten von Hermann Lenz eine Aura des hoffnungslosen Abschieds, die ans Herz greift. Sie ist nicht zu verwechseln mit Kälte, und tatsächlich war Hermann Lenz alles andere als ein abweisender Einsiedel, der das Gespräch gemieden hätte: »Düstere Verse, aber / Von Mund zu Mund / Bist du ein heiterer Mensch.« Aber wenn alle Selbsttröstungen – von der Überzeugung, etwas Besonderes geschaffen zu haben, bis zu der Gewißheit, daß einen die Werke überleben – nichts fruchten oder durchschaut und abgewiesen werden, dann bleibt am Ende das trostlose Fazit: »Kühles Gefühl, nun, da du alt bist: / Zeitlebens habe dir nichts gehört.«

Der in seinen Selbstgespräch vertiefte Dichter, der sich nicht dazu überreden kann, hinter den Erscheinungen, hinter der Geschäftigkeit der Welt einen tieferen Sinn vermuten zu sollen, stellt sich ohne große Worte, ohne Pathos in die Reihe derer, die vom Unglück, geboren zu sein, gesprochen haben: von Leopardi bis Cioran. Bei Hermann Lenz heißt es: »Ein großes Unglück, daß der Mensch intelligent ist, / Während der Farn nicht mehr will / als hier sein für kurze Zeit. // Vielleicht lebst du weiter im Stein.«

Hermann Lenz hat mit großer Hartnäckigkeit (und wohl auch Freude) ein umfangreiches, vielbändiges Prosawerk geschrieben, das ihn zu einem der bedeutendsten Chronisten des zwanzigsten Jahrhunderts gemacht hat. Er hat einen Wörtersee angelegt, der sich von Wien über Böhmen bis nach München streckt, mit vielen Tiefen, kalten und warmen Stellen, flachen und steinigen Ufern. Auf diesem See nehmen sich die Gedichte wie kleine, leicht gebaute Boote aus, die an unerwarteten Stellen auftauchen und wieder verschwinden, wie irrlichternde Interpunktionszeichen in einem wohlgegliederten Text. Es sind keine Fremdkörper, ganz im Gegenteil, denn gerade in den Gedichten kommt häufig etwas zur Sprache – unverstellt und manchmal rücksichtslos –, was sich die Prosa, die mit der sorgfältigen Erfassung ihrer Gegenstände beschäftigt ist, verkneifen muß: ein unmittelbarer Selbstkommentar. Man hat manchmal sogar den Eindruck, daß Hermann Lenz, der ja als Lyriker begonnen hat, die vergleichsweise wenigen Gedichte, die in seinem langen Schreibleben entstanden sind, (bewußt oder nicht) als Gefäße für seine geheimsten Ansichten benutzt hat. Da sie, weil an nicht gut zugänglichen Orten gedruckt, nur wenigen bekannt waren, wurde der manifeste Inhalt – die Schwarzgalligkeit, der unverstellte Pessimismus und die alles andere als schmeichelhafte Selbsteinschätzung – nur selten zur Charakterisierung dieses Schriftstellers herangezogen. Aber man muß kein Prophet sein mit der Behauptung, daß in den Texten, die nach seinem fünfzigsten Lebensjahr entstanden sind, seine Anschauungen von sich selbst und der

Welt schonungsloser ans Licht treten als in seinen anderen Büchern. Die Gedichte sind die eigentliche Autobiographie. Sein Lebens-»Rückblick« lautet:

Kein Haus gebaut,
Keinen Sohn gezeugt,
Nur Bücher geschrieben.

Genügt es?
Nein, es genügt nicht.

Auch das mit dem Besitz
Ist bei dir so eine Sache,
Eine fragwürdige, wie sich versteht.

In Dachstuben hast du gewohnt
Mit Möbeln von früher.
Die hast du lange gekannt.

Was die andern so ›Leben‹ nennen,
War für dich mühsam.
Geschafft hast du es nie.

Wenn du nur durchkommst.

Wenn du nur durchkommst – trauriger kann man die Bilanz eines Lebens, das doch ein umfangreiches, mit Preisen bedachtes und, mit Verspätung, auch viel gelesenes Werk hervorgebracht hat, nicht ausdrücken. Die zehrende Melancholie (des Erfolglosen? Gescheiterten? mit der Welt Zerfallenen?) hat sogar die einzige Sicherheit zersetzt, die es in dieser Selbstbeschreibung gibt: das Schreiben. Darüber heißt es an anderer Stelle:

In der Hand einen Federkiel,
Wartet er, was die Verwesung bringt,
Und sehnt sich nach Dauer.

Dauer von Schmerz ist nicht erwünscht.
Dauer von Lust wäre entsetzlich.

Lassen wir's also bei der Verwesung.

Man muß die Gedichte nur sorgfältig durchgehen, um überall die Belege für die unangepaßte, unanpaßbare, oft nüchterne Trostlosigkeit zu finden, aus denen sie ihre Kraft und Schönheit ziehen. Das ist kein Paradox. Denn Schreiben – oder besser: *sein* Schreiben – ist ja nichts anderes, als aus den Trümmern einer zerfallenden Welt trotzig und unablässig etwas Schönes zu schaffen, gegen jede bessere Einsicht: »Ruinen sind noch lebendig.«

5.

Die einzige Lebensform, die diesem Dichter angemessen ist, ist die Einsamkeit. »Du gehörst nicht dazu. / Einschmeicheln ist dir zuwider. / Was gehen dich diese Leute an? // Du bist ein Passant.« Passant, einsamer Spaziergänger, Waldgänger mit festen Schuhen, der die Pflanzen kennt und das Gras liebt (alle Gras-Stellen in seinen Gedichten ergäben ein eigenes Gras-Epos, an dem Francis Ponge seine Freude gehabt hätte!), der dem Ruf der Vögel nachhorcht und den Trauermantel bewundert, »der sich erhebt und schwebt«. Einer, der die Städte meidet (besonders Stuttgart!) und nicht viel hält von der Gesellschaft und von Gesellschaften. Was käme dir zu? fragt sich der Dichter: »Eine Wohnung unterm Dach in der Altstadt, / Ein Bahnwärterhaus an einer Strecke, die stilliegt. // Daß es still ist, darauf kommt es dir an.« Hermann Lenz, dem alles Exaltierte ein Graus war, kannte nicht den Hochmut der Bekehrungssüchtigen und Weltverbesserer unter den Dichtern. Was er wollte, läßt sich in drei Zeilen sagen: »Zärtlichkeit in den Fingerspitzen / Und Zärtlichkeit für die Wörter, die Verse / Die Rhythmen im Gewühle der Zeit.«

6.

Niemand verraten, was dich bewegt,
Weil es jeden befremden würde,
Wenn er's erführe.

Auch im Tod dein Gesicht behalten,
Möglichst mit einem Lächeln
Und nicht allzu geschrumpft.

Erdkunde

Marcel Beyer und Die Notwendigkeit
von Gedichten

Brauchen wir Gedichte? Gehören sie – wie das Erzählen – zur anthropologischen Ausstattung? Gibt es,
wie es die Dichter gerne hätten, ein Recht auf Poesie?
Ja oder nein? Wann haben diejenigen unter uns, die
nicht Dichter oder Kritiker sind und Freiexemplare
erhalten, zuletzt einen Gedichtband gekauft? Und
zwar nicht Mörike oder Schiller, sondern Marcel Beyer
oder Norbert Hummelt oder Raphael Urweider? Das
ist, ich sehe es Ihren Nasenspitzen an, schon lange her.
Und trotzdem würden doch die meisten der sogenannten Gebildeten unter den Zeitgenossen selbstverständlich dafür eintreten, daß das Lesen, Memorieren oder
Aufsagen von Gedichten irgendwie immer noch zu
unserer Kultur gehören soll. Keiner weiß mehr so ganz
genau, warum der Sohn unbedingt Trakl und die Tochter unter allen Umständen Jandl lesen soll, aber wenn
sie es plötzlich nicht mehr täten, wäre es doch schade
drum. Also kriegen sie zur Konfirmation den »Brunnen ewiger Dichtung« oder das »Große deutsche Ge-
dichtbuch«, wo sie alle drinstehen von A wie Aichinger bis Z wie Zech, von A wie »Abschied an eine Geliebte« (Nikolaus von Bostel) bis Z wie »Zum Kampf
der Wagen und Gesänge« (Schiller), das wird dann
mit guten Vorsätzen ins Regal gestellt und vielleicht
sogar gelegentlich konsultiert, wenn einem die vierte

Strophe vom »Abendlied« von Matthias Claudius ent-
fallen ist, das der Enkel so gern vorgesungen haben
möchte. Es geht übrigens so:

Wir stolze Menschenkinder
Sind eitel arme Sünder
  Und wissen gar nicht viel;

Wir spinnen Luftgespinste
Und suchen viele Künste
  Und kommen weiter von dem Ziel.

Ach, wie recht er doch hat, der Wandsbeker Bote – wir
versuchen uns in vielen Künsten und entfernen uns
doch immer weiter von dem Ziel: von uns selbst. Es
sieht nachgerade so aus, als multiplizierten sich die
Künste, um die Distanz zu uns selbst ständig zu ver-
größern. Am Anfang war »die menschliche Kultur ein
Notprogramm zum Ausgleich von biologischen Aus-
stattungsmängeln«, wie es Hans Blumenberg formuliert hat, heute, wo alles zur Kultur geworden ist, von
der Unternehmenskultur bis zur Kultur des Scheiterns,
sind die im herkömmlichen Sinne kulturellen Leistun-
gen einer Gesellschaft für diese zu großen Teilen gleichgültig geworden. Kaum einer kann noch eine Note
lesen, aber man prügelt sich um Karten für die Opern-
premiere und schwärmt anschließend von der sinnli-
chen Unmittelbarkeit der Sängerin; man steht während
der Vernissage zwischen den kuriosen Objekten der
modernen Kunst herum und preist laut die unvorher-
sehbaren Wege der Kreativität, insgeheim aber hofft
man, nur ja nicht damit in tiefere Berührung kommen
zu müssen – und wenn die Ehefrau unbedingt will,

dann wird eben zur Künstlerförderung so ein Objekt gekauft und zu Hause über dem Sofa angebracht, damit die Gäste über die Sammelleidenschaft der Gattin staunen können – und über ihren eigenwilligen Geschmack. Da hängt es dann. Und nach vier Wochen fragt sich die Gattin, was sie eigentlich so faszinierend an den drei schwarzen Balken fand, die da so unsymmetrisch übereinandergeschraubt auf der Wand kleben. Vergessen. Schwarzes Loch. Blackout. Waren sie schön? Oder waren sie, im Gegenteil, nicht schön und deshalb faszinierend? War es die Form? Das Material? Erinnerten sie mich an etwas? Waren sie ein Zeichen für etwas anderes? Alle Begründungen weg, wie ausgeräumt das Hirn. Kein Mensch fühlt sich verpflichtet, nach solchen Erfahrungen mit der Kunst sein Leben zu ändern, und als einzige Hoffnung bleibt, der Künstler, der die drei Balken über dem Sofa angebracht hat, möge im Preis steigen, damit sich wenigstens die Investition gelohnt hat. So wie der Mensch vom Ursprung her ein Allesfresser ist, so hat er diese Eigenschaft nach der Periode des Mangels und der Entbehrung symbolisch auf die Kultur übertragen: Man darf getrost darüber staunen, was der sogenannte Kulturbeflissene in einer Woche in sich hineinfressen kann, ohne daß sich irgendeine Wirkung zeigen würde.

Auch den blitzhaften Erleuchtungen der Poesie, wenn dieser Ausdruck erlaubt ist, geht es nicht viel anders. Zwar sind die Gedichte noch da, aber wir haben vergessen, warum. Keiner (außer den Dichtern) will sie freiwillig lesen, man läßt sie sich allenfalls vorlesen, open air oder mit Musik, auf Festivals oder als CD im Auto – Astern, schwälende Tage, / alte Beschwörung, Bann, / die Götter halten die Waage / eine zögernde

Stunde an –, da fährt es sich doch gleich besser, und die Zumutungen an den Verstand, den diese Verse nun einmal bilden, verflüchtigen sich im Sound. Gedichte sind eine Zugabe geworden. Nach dem Verschwinden des Theatertextes in die reine Leiblichkeit der Aufführung, des Körperspiels, und dem Rückzug des lyrischen Sprechens, der Poesie, in eine seltsam schattenhafte Scheinbedeutung hat in unseren kulturbeschwerten, kulturgesättigten Gesellschaften allein der Roman als matter Abglanz der Großen Erzählung unserer Existenz seinen sicheren Platz halten können, wenn auch meistens auf unterster ästhetischer Wahrnehmungsgrenze, als Trivialroman, der immer wieder und ohne jede Hemmung die alten Geschichten – eben weil sie alt sind – hervorkramt und neu arrangiert. Ausgerechnet der Lebenszeitfresser *par excellence* hat den anderen Künsten den Rang abgelaufen! Ausgerechnet die Kompensationsdroge Roman soll am Ende der Zivilisation besser geeignet sein, unsere spielerischen Ansprüche zu befriedigen?

Theater und Poesie dagegen, die am Anfang der Kultur standen und das Schwere der Existenz im Spiel mit dem Mythos aufzuheben trachteten, sind durch die Veralltäglichung und Banalisierung der kulturellen Vorstellungen und Praktiken an den äußersten Rand des gegenwärtig waltenden gesellschaftlichen Interesses gedrängt worden.

Brauchen wir trotzdem Gedichte? Ihren Rhythmus? Ihr Spiel mit Worten und Bedeutungen? Ihre Dichte? Ihre Integrationsfähigkeit? In letzter Zeit sind drei be deutende deutschsprachige Dichter gestorben, die auf sehr unterschiedliche Weise ihren Glauben an die Verwandlung durch Poesie gelebt haben: Thomas Kling,

Robert Gernhardt und zuletzt Oskar Pastior. Alle drei waren auf geradezu besessene Weise davon überzeugt, daß die großen Metamorphosen, die nach dem Ende der Metaphysik unser Schicksal nicht mehr zu bestimmen vermögen, uns jedoch noch immer daran erinnern, daß wir eines haben, daß diese Metamorphosen nur noch in der Dichtung zu entwerfen und nachzuspielen sind. Alle drei waren große Spieler im Schiller'schen Sinne. Alle drei hatten die Geschichte der Poesie als Geschichte der gesamten Gattung im Kopf: Denn nur in der Poesie, in keiner anderen Kunstform, sind das Murmeln und der Schrei, der Seufzer und die pathetische Überschreitung, die frenetische Freude und die abgrundtiefe Trauer immer noch gegenwärtig. Sappho und Kling waren, trotz der zeitlichen Trennung, Geschwister. Und alle drei waren sich darüber im klaren, daß Dichtung nichts mehr mit Natürlichkeit zu tun hat, sondern eine sehr bestimmte Form von Künstlichkeit darstellt. Sieht man von Robert Gernhardt ab, der spät, aber gottlob nicht zu spät für seine Reime geliebt wurde, hatte die Arbeit der Dichter außerhalb der eingeweihten Zirkel kaum Resonanz gefunden. Erst ihr Tod hat sie, Gott weiß für wie lange, berühmt gemacht, was immer das heißen mag. Erst die durch ihre plötzliche Abwesenheit entstandene Leerstelle hat ihre poetische Leistung ins rechte Licht gerückt. Waren sie zu Lebzeiten als sonderbare Einzelgänger bekannt, die in ihren alchimistischen Wortküchen aus einem X ein U destillieren konnten, wurden sie nach ihrem Tod, wenigstens für den einen blitzhaften Moment, in ihrer einzigartigen Bedeutung erkannt.

Aus diesen Gründen – und um all das Gesagte und sattsam Bekannte noch einmal zusammenzufassen –, aus diesen Gründen sind neben allen anderen Förderungen Preise für Dichter so außerordentlich wichtig. Nicht nur wegen des Geldes, das sie selbstverständlich sehr gut gebrauchen können, weil das Honorar von Gedichtbüchern selten mehr als zwei Monatsmieten deckt, sondern weil Preisverleihungen die äußerst seltene Gelegenheit bieten, dem Erkenntnisspiel der Dichter Achtung und Dankbarkeit entgegenzubringen. Denn wenn ein Dichter heutzutage die »verkörperte Unwahrscheinlichkeit« darstellt, dann erinnert er uns daran, was uns auf unserem Weg verlorengegangen ist. Kein Dichter erwartet natürlich mehr, daß man auf seinen Rat hört, kein Dichter glaubt mehr wirklich daran, daß man seine Arbeit achtet und ehrt, kein Dichter spielt noch mit der Vorstellung, daß es nicht nur einen Präsidenten der Republik, sondern auch einen macht-, aber nicht einflußlosen Dichter der Republik geben müsse, ein alle paar Jahre wechselndes Amt, das übrigens in England und Amerika noch ausgeübt wird. Der Dichter, der einst ein Seher war, dem die Götter die Zunge lösten, muß sich heute durch Selbstinspiration in Stimmung bringen, wenn er seiner schwierigen Arbeit nachgeht, die dann, wenn er Glück hat, in gebundener Form tausend Leser findet. Aber wenigstens Preise sollen die Dichter erhalten, damit sie laut gepriesen werden können.

Nun habe ich also die große Ehre, den Erich Fried-Preis vergeben zu dürfen. Als ich gefragt wurde, ob ich dazu bereit sei, habe ich sofort zugesagt. Fast zwanzig Jahre war ich mit Erich Fried befreundet, den ich 1963 in London kennenlernte. Ich erinnere mich ziemlich gut an den ersten Besuch in seinem Haus, an die mit Papier überladene Küche und an den unerwarteten Besuch eines Nachbarn, den man damals noch ungestraft als Neger bezeichnete, eines ziemlich hochrangigen Diplomaten aus Westafrika von nebenan, dem das Salz ausgegangen war, der aber stundenlang in Frieds Küche blieb und schließlich von seiner salzlosen hungrigen Familie abgeholt werden sollte, die aber ebenfalls blieb, so daß plötzlich zwischen den gefährlich schwankenden Bücher- und Papierbergen eine ziemlich große und schwarz-weiß zusammengewürfelte Familie mit immer neu eintreffenden weiteren Mitgliedern versammelt war und ich mich besorgt zu fragen begann, wann und wie dieser Dichter je zum Schreiben kommen würde. Eine müßige Besorgnis, wie sich später herausstellen sollte, denn Erich hatte die unerhört seltene Gabe, überall und noch im größten Chaos schreiben zu können. Die reifste Leistung in dieser Hinsicht war sein emsiges Kritzeln in meinem entsetzlich lauten Deux cheveaux zur letzten Tagung der Gruppe 47. Während wir froh waren, das wacklige Auto vor dem Tagungsort der Pulvermühle endlich verlassen zu dürfen, blieb Erich Fried, der die ganze Fahrt von München an einem neuen Gedichtzyklus geschrieben hatte, bis zur Vollendung seiner Verse sitzen. Dieser generöse Mensch hätte den Weltuntergang verpaßt, den er um alles in der Welt vermeiden wollte. Er hat viel geschrieben, manche sagen: zu viel. Aber Gerechtigkeit und Liebe, diese zwei Götter, denen er zu jener Zeit huldigte, gaben ihm viel auf. Er war ständig unterwegs, mit Stock, unergründlicher Aktentasche und Plastiktüten voller Material, das ihm wohlmeinende und meistens weniger generöse Menschen, als er einer war, zugesteckt hatten. Ein geradezu chinesischer Wanderdichter, wie es nach ihm keinen mehr gab. Wer also sollte den Preis kriegen, den ich im Namen von Erich Fried vergeben durfte?

Die Antwort stand sofort fest, sie sitzt materialisiert unter Ihnen: Marcel Beyer. Er gehört zu der Handvoll jüngerer Dichter – jünger als ich, um genau zu sein –, die mich mit jedem neuen Text – egal ob Gedicht oder Roman oder Essay – überraschen. Auf die Frage, was ein Gedicht auszeichnen müsse, um sie zu interessieren, sagte die amerikanische Dichterin Elizabeth Bishop: Es muß mich überraschen. Die meisten Dichter tun dies nicht, und das soll gar nicht abwertend klingen. In der Regel sind die überraschungslosen Dichter erfolgreicher als alle anderen, versierter und eingängiger. Sie haben ein paar solide formale Tricks, ein paar sprachliche Zauberkunststücke drauf, mit denen sie geschickt operieren, aber man spürt nach den ersten zehn Texten nicht mehr die Dringlichkeit, die Notwendigkeit. Und es gibt auf der anderen Seite Dichter, die einen nicht loslassen. Oft sind es ihre dunklen Gedichte, die einen länger verfolgen, weil man ihnen auf die Sprünge kommen will, die Wendungen haben, die man auf Anhieb nicht versteht, oder mit einem Vokabular arbeiten, das einem nicht vertraut ist und das man sich erst erlesen muß. Um solche Gedichte abzuwerten oder sich ihrer zu erwehren, nennt man sie gerne hermetisch. In Deutschland ist dies ein Verdachtswort, in Italien dagegen eine hohe Auszeichnung, die auf Ungaretti, Montale und Luzi angewandt wurde: auf eine Literatur, auf eine Poesie, die auf hochkonzentrierte Weise die genaue Beobachtung und die Reflexion im begriffs zersetzenden Medium der poetischen Sprache zum Ausdruck bringt. Nicht viel anders geht auch Marcel Beyer in seinem mir ans Herz gewachsenen Band *Erd-*

kunde vor. Aber er sieht eben anders und anderes als Ungaretti, Montale, Celan, Jandl oder Kling.

Sein Gebiet für die poetische Feldforschung liegt zur Zeit im Osten, im Osten Deutschlands und in den östlichen Ländern Europas, in Polen, in Rußland. Das ist, nach all den kostenlosen Ausflügen nach Rom, in die Provence oder durch die gleichmacherischen Schluchten von New York ein Novum: Die Westbindung, von der wir politisch und philosophisch profitiert haben, ist in diesen Texten nicht das allein selig machende Weltverhältnis. Marcel Beyer kennt die Städte östlich von Dresden, der Stadt, in der der 1965 in Württemberg geborene Dichter heute lebt; er kennt aber auch die sprachlichen Ausdrucksformen der ganz anders sozialisierten Mentalitäten, das spießige, kleinbürgerliche Milieu, das sich noch nicht anpassen konnte – wollte? – an den westlichen Standard; und er verwendet in seinen Texten die Worte und Bilder, die diesem Milieu und dieser Mentalität angemessen sind: Es geht, wie es in *Erdkunde* heißt, um seine »Ossifizierung« in jener »Ackermanngegend«, wo »alles pappig und grau« ist. Der Bachelard'schen Phänomenologie der Ecken, Winkel und Verstecke fügt er den Kohlenkeller hinzu und das ausgehobene Grab. Und es hat nichts mit sozialromantischer Sentimentalität, sondern mit genauer Beobachtung zu tun, wenn in diesen Gedichten von Keuchhusten, Nesselfieber, feuchten Kammern, von Wand- und Dielenfäule, Kellerluft, Kohlenstaub, Feuchtigkeit in den Mauern, von Kondensmilch und Pfirsich aus der Dose, Rollmops und eingelegten Erbsen die Rede ist; hier wird eben nicht von Pinien am Mittelmeer, von Gladiolen und Rosen in südlichen Gärten geschwärmt, wenn der Blick von den Menschen mit Existenzrisiko weg auf die Natur fällt, sondern er sieht Schafgarbe, Löwenzahn, Wundklee, Wolfsblume und wilden Rhabarber, eben das, was dort wächst.

Marcel Beyers Gedichte sind alles andere als analytisch-essayistisch oder gar touristisch, sie integrieren das Fremde nicht in gefälligen Reimen, um es erträglich, genießbar zu machen, sondern lassen es in seiner Fremdheit schroff bestehen. Ich glaube, wir haben aus instinktiver Furcht vor unliebsamen Entdeckungen noch gar nicht begonnen, uns mit der Realität dieses Ostens auch nur in Grenzen bekannt zu machen – oder wir ahnen bestenfalls, wenn wir Stasiuk, Odija oder etwa den jungen ukrainischen Dichter Serhij Zahdan lesen, daß sich an und hinter den Grenzen eine bedrohliche, weil andere, fremde Realität aufbaut, die mit unseren vergleichsweise harmlosen Problemen nichts oder nur wenig zu tun hat. Der muß man sich, will man sie begreifen, aussetzen, damit man sie eben nicht gleich auf den – meistens falschen – Begriff bringt. In diesem Sinne sind die Gedichte aus der *Erdkunde* kleine, hochaktive Speicher für nicht auf den Begriff zu bringendes Sprachmaterial, das der Dichter Marcel Beyer auf seinen Expeditionen gesammelt hat. Er ist in einem ganz un-modischen Sinn ein Ethnologe, ein teilnehmender Beobachter, ein Horcher und Merker, der nicht verleugnen kann, daß die ganz und gar subjektive Wahrnehmung der Poesie die einzig wahrhafte Aufschreibungsmethode in diesem unsicheren Grenzgebiet ist. Nur die instinktive Beeindruckung durch den Gegenstand der Beobachtung kann zu etwas Objektivem führen. Und da Marcel Beyer offenbar auch etwas von Musik versteht, sind seine Gedichte Sprach-

Kompositionen. »Die Schrift im geläufigen Sinn ist toter Buchstabe, sie trägt den Tod in sich. Sie benimmt dem Leben den Atem«, heißt es in einer Rousseau-Replik bei Derrida. In Gedichten, wie sie in Marcel Beyers *Erdkunde* stehen, ist das Gegenteil der Fall – sie bringen diese andere Welt ans Licht und zum Klingen, wenn auch der Klang manchmal dunkel ist. Diese andere Welt erhält in den Gedichten von Marcel Beyer eine Anschaulichkeit und Plastizität, die ein vollständiges Gegenbild entwickelt zu der ideologisch stabilisierten Realität, wie wir sie aus der Zeitung erfahren, wenn von Ostdeutschland oder dem »Osten« die Rede ist. Wie der Dichter in seiner »Erdkunde« verschiedene ineinander verschlungene Motivketten, wie er Vergangenes und Gegenwärtiges ineinander blendet, wie er Reime und Binnenreime einsetzt, um das Tempo zu drosseln oder die Aufmerksamkeit zu steigern, wie er Traum und Tagtraum zu einem metaphorischen Rätsel verknüpft, das sich erfolgreich der kritischen Auflösung widersetzt – und wie er bei all dieser Kunstleistung als Dichter und Arrangeur seines Sprachmaterials hörbar bleibt und an Kontur und Physiognomie gewinnt – das alles macht diesen Band zu einem Ereignis. Denn wer nur die Form beherrscht, verfällt in einen stumpfen Historismus, der uns kalt läßt; auch die Form muß Gegenstand der Bearbeitung werden.

Je mehr Lyrik man liest, hat es sinngemäß Joseph Brodsky einmal ausgedrückt, desto intoleranter wird man gegen Weitschweifigkeit jeder Art – ich muß also dringend zum Schluß kommen.

»Das Denken ist das Zweitschönste«, las ich kürzlich (bei Pascal Mercier), »das Schönste ist die Poesie.

Wenn es das poetische Denken gäbe und die denkende Poesie – das wäre das Paradies. «

Brauchen wir Gedichte? hatten wir eingangs gefragt.

Ja, natürlich, solche wie sie in *Erdkunde* stehen, lautet die kurze Antwort.

Herzlichen Glückwunsch zum Erich-Fried-Preis.

Der Sekretär des Jean-Jacques Rousseau

Zur Verleihung des Börne-Preises
an Henning Ritter

Wenn man heute Geisteswissenschaftlern zuhört, die über ihre Erfahrungen an den Schulen, Hochschulen und Universitäten des Landes berichten, dann hat man – zumal wenn diese Berichte im privaten Kreis gegeben werden – den Eindruck, die Sache der Bildung sei bereits aufgegeben. Das Menetekel an der Wand der Alma mater kann die geschulte Intelligenz sehen, entziffern, verstehen und beklagen, allein es fehlt die Kraft, die Anzeichen des drohenden Unheils, die diese Geisterschrift beschwört, in der Gesellschaft zu vermitteln. Der Student der Germanistik will die Alten nicht mehr in die Hand nehmen, weil sie ihm nichts mehr sagen, aber er verbringt jeden Tag viele Stunden über nichtssagenden Texten; der Studentin der Kunstgeschichte fällt zu den großen Bildern nichts mehr ein, weil ihr die Bibel oder die antike Götterwelt nicht mehr geläufig sind, aber wir sehen sie stundenlang in den Bilderfluten ihres Computers versinken; und den Rest, da sind sich alle einig, Professoren, Bachelors und Studenten, besorgt die Politik.

Ich will hier am Sonntag nicht die wirklichen oder auch nur vermeintlichen Tragödien der Bildungspolitik nacherzählen, die dem in dieser Geheimwissenschaft nicht bewanderten Zuhörer ohnehin wie ziemlich vulgäre Vaudevilles vorkommen, ich will nur den

Eindruck festhalten, daß alle Fraktionen, die konservativen, die sogenannten liberalen und die linken, in seltener Einmütigkeit von einem rasanten Verfall sprechen, der, wenn überhaupt, erst nach Jahrzehnten zum Halten gebracht werden kann. Von einem Aufschwung redet keiner mehr, von Großzügigkeit, von einer Freudigkeit, die im Zusammenhang mit Bildung aufkommen sollte, ist nichts zu spüren. Bildung ist grau, schwer, klebrig und in unserer Gesellschaft auch eigentlich nicht richtig zu gebrauchen; und die, die über mangelnde Bildung sprechen, bringen auch keine Farbe in das trübe Bild. Auf jeden Fall ist Bildung nicht mehr selbstverständlich. Da ich selbst nie studiert habe, sind meine Vorstellungen von der Universität vielleicht zu hoch und zu naiv, denn jedesmal, wenn ich das verquetschte Tremolo des Abstiegs höre, regt sich in mir ein hundertprozentig antizynischer, geradezu aktionistischer Impuls: Wenn die Gesellschaft wirklich ein Interesse daran hat, ihre Jugendlichen nicht nur notdürftig auszubilden, sondern auch zu bilden, dann gibt es auch die Mittel, die dafür benötigt werden. Vielleicht will also gar nicht gewollt werden? Da ich noch in einer Gesellschaft aufgewachsen bin, die zur Bekanntmachung ihrer Meinungen und Forderungen nicht in die Talkshow, sondern auf die Straße gegangen ist, träume ich immer häufiger von einem großen Protestmarsch des Bündnisses für Bildung, der sich sternförmig auf Berlin zu bewegt, und von einer gewaltigen Abschlußkundgebung, auf der die größten Geister der Republik, die trotz der Bildungsmisere den Ruf nach Amerika nicht angenommen haben, vor der schcußlichsten Bausünde des architektonischen Sündenpfuhls Berlin, dem Bundeskanzleramt, das Menschenrecht auf Bildung einklagen. Ich sehe die Kameraaugen der ganzen Welt auf unsere Philosophen und Soziologen, unsere Historiker und Naturwissenschaftler, auf unsere Philologen, Architekten und Künstler gerichtet, auf die Demiurgen und die Wächter, die Ausgräber und die Deuter, die unter dem frenetischen Beifall der aus allen Schichten der Bevölkerung zusammengesetzten Menge ihrerseits feuchte Augen kriegen, weil sie zum ersten Mal in ihrem Leben das deutliche Gefühl haben, nicht als C3ler oder C4ler, sondern als Verkünder und Vermittler des unvergänglichen und notwendigen Wissens angesehen und geehrt zu werden. Und aus dem gewaltigen Säulenportal seines Amtssitzes tritt gegen Ende des Traums mit seinem Kabinett der Kanzler, um nun seinerseits ein emphatisches Bekenntnis zur Bildung abzulegen, das dann wochenlang auf allen Fernsehkanälen und in sämtlichen Zeitungen des zu neuem Leben erwachenden Landes als vorbildliches Programm einer zukunftsweisenden Geistespolitik gefeiert wird, auch von der Opposition, die sich in diesem Falle nur so nennt.

Es ist bekannt, daß Träume nur für Sekunden unser Hirn durcheinanderbringen. Man wacht also bald wieder auf. Und da zum Glück gerade Mittwoch ist und man gottseidank nicht zu einem Sternmarsch für mehr Bildung aufbrechen muß, holt man sich die FAZ aus dem Briefkasten. Sie liegt tatsächlich dort, als sei das selbstverständlich in einem Land, das, wenn man der ersten Seite glauben will, gerade kurz vor dem Bankrott steht. Und dann kämpft man sich, plötzlich hellwach, im Morgengrauen durch die unglaublich breiten Forschungsergebnisse der Naturwissenschaften, die übrigens, was leicht vergessen wird, auch in deutschen Labors erzielt werden, wenn auch unter tätiger Mithilfe ausländischer Arbeitskräfte, und kommt dann, endlich, zu deren einseitigem Anhängsel, den Geisteswissenschaften. Und der unentschieden die Woche teilende Mittwoch wird zum Festtag, wenn die rechte Spalte, der kulturkritische Kommentar oder auch nur die geistespolitische Anmerkung, von Henning Ritter stammt. Um das Fazit meiner Laudatio hier schon einmal sehr pointiert vorwegzunehmen: Wenn die rund dreihunderttausend Leser der FAZ regelmäßig Henning Ritters Kolumnen und Aufsätze lesen, diskutieren und weitergeben würden, gäbe es wahrscheinlich eine andere, eine farbigere und geistvollere Bildungsdebatte in Deutschland. Denn für den erleuchteten, durchdrungenen Pessimisten liegt das Unerträgliche unserer gegenwärtigen Situation ja in der Hauptsache in dem Mangel an Anmut und Ironie, mit der die Krise beschworen wird. Die Gesichter der Krisenverwalter haben die Farbe der Krise angenommen, da sucht man besser das Weite. Bei Henning Ritter kommt die graue Krise der Geisteswissenschaften nur am Rande vor; sie wird – elegant, aber im Ton doch sehr bestimmt – daran gehindert, sich im Zentrum breitzumachen, nicht zuletzt aus Eigennutz: denn wenn die schrille Stimme der Krise lauter zu vernehmen ist als die Stimme des Geistes, ist es um letztere bereits geschehen. »Heute müßte einer dumm sein, der nicht vernünftig wäre«, heißt es bei Börne, und dieses ironisch gebrochene, aber nie an der Bedeutung der Geisteswissenschaften zweifelnde Selbstbewußtsein zeichnet den Geist dieser einmaligen Seite aus. Wenn jemand an der Bedeutung der Geisteswissenschaften zweifelt, dann sind es meist verkleidete

Geisteswissenschaftler, denen der Zugang zu Ritters Thronsaal verweigert wurde. Mittwoch früh also: Geisteswissenschaften, am liebsten mit einem Kommentar von Henning Ritter. Wer die Lektüre dieser Kommentare versäumt hat und sein schlechtes Gewissen beruhigen will, kann sie – wenigstens teilweise – nachholen, der größte Teil aus den Jahren 1985 bis 1991 ist in dem Band *Der lange Schatten* gesammelt. Da von diesem Buch bislang nur rund dreihundert Exemplare verkauft wurden, kann man es, wie die Bildung selbst, immer noch leicht und kostengünstig erwerben.

Der lange Schatten hat seinen Ausgangspunkt in der Mitte des achtzehnten Jahrhunderts, das wir immer noch das Zeitalter der Aufklärung nennen. In einer der Metropolen dieser Aufklärung, in Paris, hält sich Henning Ritter auf, wenn er nicht in seinem Frankfurter FAZ-Büro anzutreffen ist. In Paris hat er sich zunächst als umsichtiger Sekretär Jean-Jacques Rousseaus einen Namen gemacht. Daß er sich so eng mit dem schwierigen, Mißverständnisse provozierenden und keine Auseinandersetzung scheuenden Rousseau verbunden hat und nicht mit einem leichter zugänglichen Philosophen aus dem Umkreis der Enzyklopädie, sagt viel über unseren Preisträger aus, der sich trotz schlechter, manchmal ganz aussetzender Bezahlung immer wieder von der Pathologie des sich selbst richtenden Jean-Jacques faszinieren läßt. Wenn Henning Ritter von Diderot die Eleganz der Formulierung gelernt hat und von Voltaire den Witz – leider nicht dessen ausgeprägten Geschäftssinn –, dann hat er von Rousseau die Bürde mitbekommen, alles noch einmal selber zu durchdenken. Nichts ist gegeben, nichts ist selbstverständlich. Alle Fragen des Miteinanderauskommens, der Moral, der Bildung, der Kunst, der Bändigung der Interessen – dieses krude und auseinanderstrebende Gemisch, das die Gesellschaft zusammenhalten soll, muß in *jeder Epoche*, von *jeder Generation* neu durchdacht werden. Es gibt keinen unumstößlichen Kanon, der für alle verbindlich ist; und nichts ist verwerflicher, als seine eigenen Vorstellungen anderen aufzwingen zu wollen. Während die Pariser Philosophen, wie Henning Ritter schreibt, »von einer stetigen Erweiterung der Gefühle des Wohlwollens und der Menschlichkeit einen Fortschritt der Moral erwarteten und ein umfassendes Wohlwollen gegenüber der gesamten Menschheit anstrebten, sah Rousseau darin jetzt nur noch einen kaum verhüllten Immoralismus. In seinen Augen war es unerheblich und unrealistisch, den Kreis möglicher Adressaten der Moral so weit wie möglich zu erweitern. Wichtig war allein, daß man sich zu den Menschen, mit denen man zusammenlebt, moralisch einwandfrei verhielt. ... Die Moral litt in jedem Fall an einem nicht zu behebenden Mangel: Was sie den Nächsten zukommen ließ, nahm sie den Menschen im allgemeinen, und was sie diesen zu geben suchte, enthielt sie denen vor, die an sich die stärksten Ansprüche geltend machen konnten.« (*Unglück*, S. 51.)

Wenn man die Bemühungen der Meisterdenker der Enzyklopädie in der Hoffnung zusammenfassen darf, daß die Menschheit, mit all dem verfügbaren positiven Wissen über den Menschen und die Welt konfrontiert, gar nicht anders kann, als sich die beste aller Welten einzurichten, dann kam stets der zweifelnde Einspruch von Rousseau als fundamentale Warnung: Paßt nur auf, es wird doch schiefgehen. Und es ging natürlich schief. Wer heute für die Durchsetzung der säkularisierten Trinität »Freiheit, Gleichheit, Brüderlichkeit« kämpfen würde, müßte früher oder später im Gefängnis sein Leben aushauchen. Es kann hier nicht um die Klärung der Frage gehen, wer rechtgehabt hat; Philosophen sind keine Propheten. Es geht darum, wer zuerst den Schatten gesehen hat, der auf unabtrennbare Weise die Geschichte der Aufklärung begleitet, bis in unsere Tage, da von Aufklärung entweder im hohlen Brustton der eingebildeten Überzeugung oder nur noch hinter vorgehaltener Hand gesprochen wird, weil keiner mehr weiß, was man von ihr erwarten soll. Henning Ritter, als Sekretär Rousseaus, ist zum Historiker dieses Schattens geworden.

In diesem Schatten lag lange, zu lange die Blutspur der Opfer, die seit der französischen Revolution für die Errichtung der besten aller Welten ihr Leben lassen mußten. Die Philosophen haben dieses Blut nur verschieden interpretiert, aber nicht wegwaschen können. Es blieb und bleibt ein rotbrauner, unangenehmer Fleck, den man nicht einmal durch Vergessen zum Verschwinden bringen kann. Henning Ritter zitiert in diesem Zusammenhang sowohl Benjamin Constant, der das Vergessen empfahl, wie den französischen Historiker Ernest Renan, der 1882 auf die Frage »Was ist eine Nation?« die Antwort gegeben hat: »Das Wesen einer Nation ist, daß alle einzelnen vieles gemeinsam und daß sie alle vieles vergessen haben. Jeder französische Bürger muß die Bartholomäusnacht und die Massaker in Südfrankreich im dreizehnten Jahrhundert vergessen haben.«

Wenn schon jeder Franzose des neunzehnten Jahrhunderts ganz genau weiß, was er vergessen hat, um sein Selbstbild nicht zu gefährden, wenn jede Nation oder jede Kultur jener Zeit weiß, was sie aus identitätsbildenden Gründen sich zu vergessen erlaubt hat, dann kann man sich vorstellen, wie schwer es sein wird, das Material zu bewerten, das unsere Generation freiwillig dem Vergessen zu opfern bereit sein wird. Denn unsere Erinnerungskultur, wie die Selbstverständlichkeit des Erinnerns bei uns genannt wird, ist, darauf hat Henning Ritter bestimmt, wenn auch ganz und gar unpolemisch hingewiesen, einseitig. Es geht nicht um die gegenseitige Aufrechnung der Versäumnisse, Schreckenstaten und Verbrechen, um das »düstere Tennis«, wie Mona Ozuf dieses widerliche Spiel unter ideologischen Ganoven genannt hat, es geht um mehr. Gerade weil wir uns tragischerweise so vollständig von der tragischen Auffassung der Vernunft verabschiedet haben und einem Diesseitskult huldigen, der alles und jedes mit den unerforschbaren Gesetzen der Ökonomie erklären und entschuldigen will, werden uns eines sehr baldigen Tages die noch offenen Rechnungen der Geschichte des zwanzigsten Jahrhunderts präsentiert werden. Denn man darf sich nicht darüber hinwegtäuschen, daß *wir* uns seit '68 über den Lauf der Welt fast immer getäuscht haben und auch täuschen lassen wollten – in allen deutschen, europäischen und in allen welthistorischen Belangen –, und deshalb kann es nicht anders sein, daß die Frage nach dem Warum unserer Überzeugungen die nächste Generation, die vielleicht nicht mehr unter dem ausgeräumten Himmel der Metaphysik sitzen will, beschäftigen wird. Wollen wir dann, wie unsere Väter nach '45 in bezug auf den Nationalsozialismus, nur das laue Bekenntnis ablegen, ach Gott, die Idee der klassenlosen Gesellschaft war einfach zu verführerisch schön, als daß wir gegen die Liquidierung der Gegner dieses Weges hätten einschreiten sollen? Fidel Castro genießt bis heute sozialistischen Artenschutz, während seine Gegner im Gefängnis sitzen – aus dem einfachen Grund: weil sie *seine* Gegner sind. Henning Ritter diskutiert dieses Problem des Rechthabens und Rechtbehaltenwollens, des Wegsehens und Beschönigens nach 1989 auf jeder Seite seines Journals »Der lange Schatten«. *Wir* haben zu der weltpolitisch unerhörten Wende 1989 nicht viel beigetragen; wir haben vor dem Fernseher gesessen und zugeschaut, erst skeptisch, dann enthusiastisch; dann auch ein wenig peinlich berührt. Auf jeden Fall waren wir alle dafür, das entstandene Problem mit Milliarden Deutschmark zu lösen. Aber das Problem geht nicht weg. Es gehört zu der Klasse von Problemen, die sich offenbar nicht einmal durch viel Geld beseitigen lassen. Wie dicht der Schatten ist, den '89 ff. auf unsere Gegenwart wirft, wie untauglich die Mittel sind, ihn aufzulösen, das spüren wir jeden Tag – unsere ganze Republik tappt inzwischen mit Atemnot in diesem dunklen Schatten herum. Es gibt keine Lösung, es gibt in diesem unfreundlichen Kapitalismus nicht einmal den Ansatz einer Lösung, obwohl alle Parteien aus verständlichem Opportunismus immer das Gegenteil behaupten. Das verleiht dem Schatten seine unheimliche Aktualität weit über die Grenze des vergangenen Jahrhunderts hinaus.

Anläßlich eines Buches des von ihm verehrten Isaiah Berlin schreibt Henning Ritter: »Der Einspruch gegen definitive und universelle Lösungen ist ein Plädoyer für den Handlungsspielraum des einzelnen. Jedes menschliche Problem hat viele Lösungen; und Humanität beweist sich in dem Mut, den eingeschlagenen Weg konsequent, aber in dem Bewußtsein zu gehen, daß es auch andere Wege gibt, die an sich nicht weniger berechtigt sind.« Dies ist kein Plädoyer für einen lauen Relativismus, der es dem Staat überläßt, die zentrifugalen Ansichten unter einen pluralistischen Hut zu zwingen; und es ist auch kein Plädoyer gegen Theorie an sich; sondern es ist der nach den Erfahrungen mit 250 Jahren Moderne angebrachte moderate, in Kenntnis seiner Reichweite geradezu schüchtern vorgetragene Vorschlag, aus den oftmals totschlägerischen Konsequenzen der Theorie zu lernen. Mit anderen Worten, ein Plädoyer für eine »realistische Sicht der Dinge, für Empirie, Toleranz und Kompromiß« – also dafür, was alle totalitären Ideologien und sogar viele demokratischen Institutionen fürchten wie der Teufel das Weihwasser.

Nur wer widersprüchliche Probleme auszuhalten bereit ist, kann auch verzeihen. Henning Ritter zitiert in einem anderen Zusammenhang den romantischen französischen Historiker Alphonse de Lamartine, der im Namen einer höheren Gerechtigkeit den Akteuren der entfesselten Revolution Amnestie erteilen wollte: »Die Nachwelt braucht ihre Amnestien genauso wie die Politik: Die Annalen der Nationen sind keine immerwährenden Tafeln von Ressentiments und Spaltungen, deren sich die Väter schuldig gemacht hatten oder die sie erlitten. Den Opfern zu verzeihen oder sogar den Richtern zu verzeihen, das ist das Gesetz der wahren Gerechtigkeit für Wesen, die dem Irrtum so ausführlich ausgeliefert sind wie wir. Verzeihen heißt vergessen. Vergessen wir!«

Ja, wenn das so leicht ginge!

»Eine Geschichte des zwanzigsten Jahrhunderts«, fügt Henning Ritter hier an, »die eine Leidensgeschichte ihrer Opfer und ihrer Täter wäre, hat noch keiner versucht. Es hat nicht einmal einer daran gedacht, es zu versuchen.«

Nach nun zehn Jahren gilt dieser Befund immer noch, wenn auch eingeschränkt, weil Henning Ritter selbst inzwischen seinen vielbeachteten *Versuch über das Mitleid* vorgelegt hat. Man muß eben alles selber machen. »In Deutschland« – schrieb Börne 1831 aus Paris, ein Jahr nach der Juli-Revolution – »in Deutschland war ich schon längst der einzige gescheite Mensch; das war mir lästig, und ich ging darum nach Frankreich. Und mit Ärger sehe ich jetzt ein, daß ich hier auch der einzige gescheite Mensch bin.«

In eben jenem Brief vom 15. März 1831 steht noch eine Bemerkung, die ich hier – auch wenn sie nur mittelbar paßt – anfügen möchte, weil ich damit gut ein formales Prinzip des großen Lesers Henning Ritter illustrieren kann, dessen Texte, die umfangreichen wie die kurzen, immer mit ungewöhnlichen Zitaten gespickt sind. Die Stelle bei Börne lautet: »Nun, Lafitte« – der im März 1831 zurückgetretene Ministerpräsident – »ist jetzt auch aus der Regierung getrieben, der erste und letzte Mann der Revolution. Und die Narren hier reden sich jetzt ein, Kasimir Périer« – sein Nachfolger, ein Banker, der, meiner alten Börne-Ausgabe aus der DDR zufolge, vorübergehend die politische Herrschaft der Finanzbourgeoisie festigte, indem er die feudal-reaktionären Bourbonen-Anhänger, aber auch die demokratischen Volksbewegungen unterdrückte –, dieser Périer, so reden sich laut Börne die

Narren in Paris ein, »würde ihnen Rosen und Veilchen pflanzen und sie würden ein Schäferleben führen und den ganzen Tag oben auf dem reinen Hügel der Renten stehen und singen und hinabschauen in das grüne Tal, wo das grasende Lämmervolk springt.« Der reine Hügel der Renten – ich warte auf den Mittwoch, wo auf der Seite der »Geisteswissenschaften« in einer begriffsgeschichtlichen Studie die Irrfahrt dieses Begriffs nachgezeichnet wird, bis heute, wo er als platt-vulgäre »Rentenlüge« gerade uns Über-Sechzigjährige in Angst und Schrecken versetzt.

Es geht in dem *Versuch über das Mitleid* um die durch Henning Ritter inzwischen auch bei uns bekannte Frage nach den »moralischen Implikationen der Distanz«, die in Balzacs *Père Goriot* von Rastignac in Anlehnung an Rousseau gestellt wird: »Erinnerst du dich an jene Stelle, wo Rousseau den Leser fragt, was er täte, wenn er, ohne Paris zu verlassen, reich werden könnte, indem er allein durch seinen Willen einen alten Mandarin in China töten würde?« Da Sie alle, meine Damen und Herren, den *Versuch über das Mitleid* gelesen haben, brauche ich die Vorzüge des Buches, seine kriminalistischen Qualitäten und seine gedankenreichen, nie auf ein Ziel zustürzenden und Erster! rufenden Überlegungen hier nicht im einzelnen nachzuerzählen. Denn Sie wissen natürlich auch, daß diese Mandaringeschichte, die Henning Ritter mal als Quelle und mal als Echo bei vielen Autoren des 18. und 19. Jahrhunderts, ja sogar des 20. nachgewiesen hat, ausgerechnet bei Rousseau fehlt – in diesem Punkt müssen wir dem Sekretär Rousseaus unbedingt glauben. Aber es geht ihm nicht um diesen philologischen Triumph – wenn Balzac Rousseau zitiert, dann soll es wenigstens stimmen –, sondern um den politischen und moralischen Hintergrund. »Unglück, das sich auf der anderen Seite der Erdkugel ereignet, soll im Prinzip genauso Mitleid wecken wie Unglück in der nächsten Umgebung, und was Menschen bei der Eroberung Amerikas angetan wurde, soll genauso Mitleid hervorrufen wie gegenwärtiges Unrecht.« Unabhängig von Raum und Zeit und Umständen soll eine Moral der Einfühlung durchgesetzt werden, soll der Kampf Egoismus gegen Mitleid zugunsten des letzteren entschieden werden. Diesen Kampf begleitet und kommentiert Henning Ritter als Reporter und Kommentator durch 250 Jahre. Kein Wunder, daß er bei aller Hochachtung für die vielen luziden Köpfe des 18. Jahrhunderts seine ungeteilten Sympathien den Herren Rousseau und Adam Smith schenkt, die eine überschaubare Menschenliebe für angemessen hielten. Rousseau: »Ein Philosoph liebt die Tataren, um davon entbunden zu sein, seine Nachbarn zu lieben.« Die Moral dieser Geschichte ließ sich kürzlich studieren, als nach dem überwältigenden Mitgefühl und der enormen Opferbereitschaft für die Tsunami-Opfer die Meldung verbreitet wurde, mehr als zehn Prozent der deutschen Kinder lebten unter der Armutsgrenze. Keine Sondersendung im deutschen Fernsehen, kein Aufschrei in der Presse, kein Kanzler und nicht einmal die Opposition und kein überlebensgroßer Scheck der größten deutschen Bank, der die erste Seite der Bildzeitung ziert: Offenbar haben wir uns so sehr an das eigene Elend gewöhnt, daß wir nur noch für fernes Unglück empfänglich sind. »Das Wesentliche ist« – heißt es bei Rousseau – »zu den Menschen, mit denen man zusammenlebt, gut zu sein.«

»Die Moral«, kommentiert Henning Ritter Rousseau, und wir zitieren noch einmal, weil's so schön weh tut, »leidet in jedem Fall an einem nicht zu behebenden Mangel: Was sie dem Nächsten zukommen läßt, nimmt sie den Menschen im allgemeinen, und was sie diesen zu geben sucht, enthält sie denen vor, die an sich die stärksten Ansprüche geltend machen können«.

Henning Ritter ist, trotz seiner Nähe zu Rousseau, alles andere als ein überzeugter Pädagoge, wie meine Laudatio vielleicht glauben machen kann; sein Glaube an die Erziehbarkeit des Menschengeschlechts hält sich in Grenzen. Er ist auch kein messianischer oder zelotischer Charakter, der sich mit großen Worten aufpumpt und dann zischend und funkensprühend rhetorischen Dampf abläßt. Die Unruhe, die das Zeitalter der Vernunft, in dem er sich so gern aufhält, auch hervorgebracht hat, hat ihn eine ruhige Tonart wählen lassen; der massenhafte Tod, die fatalen Selbstermächtigungen, das schnappende Geräusch der Guillotine, die Anmaßungen des Weltgeists, der alles vernichten will, was nicht er ist; der lange, dunkle Schatten eben, der nun seit 250 Jahren die stolze, uneinsichtige, ihre Fehler und üblen Launen nicht bemerkende Vernunft begleitet, macht resistent gegenüber der Macht – und skeptisch. Man sollte nicht allzu viel aus der Geschichte lernen wollen. Und auch den begrifflichen Kollaps, der durch Überbeanspruchung von Vernunft entsteht, hat unser Preisträger stets gemieden: Wer zu oft Gott, die Menschheit, die Nation, die Aufklärung und deren Zusammensetzungen im Munde führt, mit dem ist nicht gut Kirschen essen.

Henning Ritter ist vor allem Leser. Ein generöser Leser, der gern seine Funde vorzeigt und mit anderen Lesern teilt. Er sitzt entspannt auf den Schultern von Riesen und überblickt sein Reich: die Philosophie der Moderne bis hin zu Benjamin, Adorno und Hans Blumenberg, mit dem ihn nicht nur die Neigung zum Geschichtenerzählen verbindet, sondern auch die, im Ungewöhnlichen das Gewöhnliche zu finden; die Ideengeschichte; die Geschichte der Naturwissenschaft – und schließlich immer gründlicher die Kunstgeschichte: Sein Nachdenken über die erschöpfte Freiheit der Kunst wird hoffentlich bald auch in ein frisches Buch münden. Aber noch mehr als die Kenntnisse und Verknüpfungen verschiedener Wissensgebiete muß die Art und Weise seines Schreibens gerühmt werden, die Liebe zum physiognomischen oder biographischen Detail, zum bedeutsamen Augenblick, und die damit zusammenhängende Fähigkeit, aus einer Winzigkeit das ganze Gesicht eines Menschen, einer Epoche zu formen. Das hat er übrigens mit seinem Frankfurter Kollegen Börne gemeinsam. Einmal sind sie sich in Paris begegnet, am 24. Februar 1831, als Jacques-Louis Davids Bild der Kaiserkrönung Napoleons nach fünfzehnjähriger Verbannung wieder gezeigt werden durfte. Keiner von beiden war von diesem monumentalen Schinken wirklich begeistert: nicht von Napoleon, der seiner Gattin die Krone aufsetzen soll, aber im Begriff ist, sie sich selbst aufs Haupt zu drücken, nicht von den Aristokraten und neureichen Aufsteigern, den Marschällen und Ehrenlegionären, die in jeweils einem genau berechneten Abstand zum Kaiser ihre zustimmenden Gesichter machen. Beide, Börne wie Ritter, haben lange vor diesem Gewimmel an Menschen gestanden, ohne damit warm zu werden.

Für Ritter markiert das Bild eine Zäsur in der Malereigeschichte: »Die traditionellen Zeichen und Symbole, die seit 1789 einem Bildersturm zum Opfer gefallen waren, ließen sich bei Bedarf nicht aus dem Fundus der Vergangenheit erneuern. Der Glaube, sie nach Belieben herbeikommandieren zu können, führte zu der Aushöhlung des Zeremoniells der Kaiserkrönung und lähmte auch die einsame Anstrengung des Künstlers Jacques-Louis David, der Erosion der Zeichen Halt zu gebieten. Möglich war allenfalls die Dekoration eines vorübergehenden Augenblicks, mochte er auch noch so feierlich sein. Das große Werk, mit dem David ihn einzufangen sucht, als handelte es sich um ein Reportagebild, ist in Wahrheit die wächserne Rekonstruktion einer allzu provisorischen Ewigkeit.«

Auch Börnes Bericht klingt wie ein Abschied von einer großen Epoche: »Ich sah gestern das Gemälde, es hat sehr gelitten; Farbe, Zeit, Bewunderung, alles ist verblichen. Es ließ mich so kalt, als sähe ich eine Abbildung von der Arche Noäh, in die mit hängenden Ohren alles ehegepaarte Vieh zieht. Der Maler war nicht begeistert, so wenig als jene Zeit, so wenig wie Napoleon selbst, so wenig als das Volk, das ihn umgibt; es ist eine vielfarbige glänzende Leerheit. Das Gemälde ist von solcher Ausdehnung, daß es in dem kleinen Theater, wo man es sieht, den Vorhang bildet. Es enthält mehr als sechzig Figuren in Lebensgröße, alle Porträts. Der Moment ist gewählt, wo Napoleon der vor ihm knienden Kaiserin die Krone aufsetzt. Er kniet vor nichts, nicht vor seinem Gotte, nicht vor seinem Glücke; weder Triumph ist in ihm noch Demut. Es ist eine Krönung, wie die eines marklosen Erbfürsten. Nichts als Weiber, Pfaffen und goldene Knechte. Gibt es etwas Lächerlicheres, als daß sich Napoleon in der Kirche Notre-Dame von einer angstzitternden Geistlichkeit Brief und Siegel darüber geben ließ, daß er ein Held gewesen? Gibt es etwas Herzempörenderes als diese Hochzeit zwischen dem Manne des Lebens und der Leiche der Vergangenheit? Napoleon hätte sich zu Pferde sollen krönen lassen, sich die Krone hinaufreichen lassen, nicht herabreichen. Er sollte den Thron zieren, der Thron nicht ihn. Keiner von jenen Soldaten war anwesend, die ihn so groß gemacht; nichts als Schleppenträger und Hofhanswürste. Man hätte gerne gesehen, daß seine Marschälle sich stolz auf ihre Schwerter stützten und mit unterdrücktem Spotte auf die gefälligen Kardinäle blickten. Aber sie trugen Degen wie die Kammerherren und waren geputzt wie die Hofnarren. Die Porträts sind alle geistreich, das ist wahr; aber es hat jeder sein eigenes Gesicht, keiner ein Krönungsgesicht. Jeder sucht seine Gefühle zu unterdrücken, das sieht man deutlich. Herz und Augen gehen weit auseinander.«

Ich muß leider zum Schluß kommen, ehe *Ihnen* Herz und Augen auseinandergehen. Wir haben keine Zeit mehr, Henning Ritters Editionen und Übersetzungen zu loben, von der Reihe Anthropologie bis zur Europäischen Bibliothek, von Rousseau bis Michelet, von Boswell bis zu Berlin, von Burckhardt bis zurück zu Aubrey, von Fromentin zu Charles Darwin zu Montesquieu: ein ausschweifendes, geradezu heuschreckenhaftes Leseleben, dessen Ergebnisse wir staunend zur Kenntnis nehmen dürfen. Henning Ritter zeigt uns, warum Gelehrsamkeit und glasklarer Stil auch in unserem grauen Jahrhundert noch von Bedeutung sind.

Meine Damen und Herren, vor vielen, vielen Jahren, als es noch zur Normalität des bildungshungrigen Teils der westdeutschen Bevölkerung gehörte, mit Marcel Mauss und Claude Lévi-Strauss durch die traurigen Tropen zu ziehen, um die frühen Mythen der Menschheit als Teil unseres Erbes zu verstehen, hat mir Henning Ritter einmal das komplizierte System des Potlatch erklärt, des indianischen Geschenkrituals der gegenseitigen Überbietung: Es findet kein Ende, weil der Beschenkte sofort darüber nachdenken muß, wie er sich seinerseits revanchieren kann. In unseren schnellen Zeiten braucht alles Wichtige etwas länger, an dieses Paradox der Beschleunigung haben wir uns gewöhnen müssen. Es ist mir daher eine große Freude, daß ich durch die unerwartete Berufung zum Juror für den Börne-Preis 2005 in die Lage versetzt worden bin, für das seit mehr als dreißig Jahre andauernde und sich stets erweiternde Geschenk der Lektüre Deiner Schriften mit der Vergabe des Börne-Preises antworten zu dürfen. Herzlichen Glückwunsch.

Der Erfinder der Erfindung der Poesie

Über Raoul Schrott

Als das Geld noch vermögend war und sich, anders als der Rest der faulen Gesellschaft, ohne gängelnde Aufsicht herzhaft vermehrte, wurde der Joseph-Breitbach-Preis stets an drei Schriftsteller verliehen, die, so war es der Brauch, in verschiedenen Metiers Bemerkenswertes geleistet haben sollten. Da nun sogar das Geld kürzer treten muß oder sich dünne gemacht hat, galt es einen Autor zu finden, der alle drei Genres – die Prosa, das Gedicht und die Übersetzung – würdig und anspruchsvoll in sich vereinigt, also kein Kalb mit drei Köpfen und kein pathologischer Fall, kein Alleskönner und schon gar kein Generalist, der den inneren Drang verspürt, in jeder Runde ein Wörtlein mitzureden. Nichts ist ja heute abschreckender als der innere Drang, obwohl er doch einmal als die dichteste Inspirationsquelle gegolten hat. Aber wo früher ein Gott oder das Göttliche sich den Resonanzraum der Seele gesucht und durch seine raumnehmende Anwesenheit die Notwendigkeit erzeugt hat, das Wort zu verkünden, entsteht der heutige Drang meistens aus einem lästigen Mitteilungsbedürfnis, um die klebrige Masse aus windigen Informationen, angelesenen Banalitäten und psychischen Unverdaulichkeiten der ohnehin verstörten Menschheit vor Füße, Augen und Ohren zu kippen. Bei Schriftstellern, die einen inneren Drang verspüren und dies auch noch öffentlich kundtun, ist Vorsicht geboten, und ganz besonders dann, wenn dieser Drang nicht anders als dunkel zu beschreiben ist. Warum und seit wann wir den Dichter mit einem unglücklichen Bewußtsein dem anderen vorziehen, der sein Glück jenseits der elenden Verfassung der Welt aus der Freude zieht, etwas Vorgestelltes so genau wie möglich in Sprache zu realisieren, darüber streitet sich die moderne Philologie, wenn sie überhaupt noch Lust am Streit hat. Wahr ist aber, daß die Konzeption des Dichters als katastrophischem Individuum mehr Anhänger findet als jede andere. Der Zerstörer oder der Überbringer der Nachricht von katastrophalen Zerstörungen genießt ein höheres Ansehen als der Bewahrer, dessen Programm die Rettung der Dinge ist, die noch im Zuge ihres Verfalls die Aura des Schönen bewahren. Wahrscheinlich wirkt an dieser Legendenbildung um den Katastrophiker die ungute Fixierung auf das angeblich ungeordnete wilde Leben der Dichter mit, obwohl keiner empirisch belegen kann, daß Dichter tatsächlich andere, schlimmere soziale Auffälligkeiten zeigen als der Rest der Menschheit. Im Gegenteil – Dichter sind für soziale Kälte und exorbitante Gier, für leichtfertigen Zynismus und asoziale Ellenbogenmentalität, wie sie heute das gängige Muster des Miteinander bis hinauf in die besseren Kreise prägen, nicht haftbar zu machen. Und da sie in aller Regel keine institutionelle Macht haben, kommen sie nicht einmal in die Nähe der Versuchung, sich wie die sogenannte Elite unserer Gelddemokratie aufzuführen. Man sieht sie nicht auf der Anklagebank, wenn es um Bestechungen und millionenschwere Abfindungen geht, sie stehen nicht in der Zeitung, weil sie Dreifachpensionen abkassieren, und nicht einmal die Scheidungsrate ist höher als bei ordentlichen Staatsbeamten. Richtig ist, daß sie nur wenig verdienen, was »dem ekstatischen weltbildenden Wesen des Menschen« (Sloterdijk) offenbar zuwiderläuft, aber dieser heute an sich skandalöse Umstand ist nicht einmal für die oft melancholische Grundierung ihrer Persönlichkeitsstruktur verantwortlich, auch wenn das die Ehepartner der Dichter und Dichterinnen vielleicht anders sehen. Nein, kein dunkler Drang zeichnet den wahren Dichter aus, wohl aber ein schweres Leiden. Ein Leiden daran, daß die stabil geglaubte Kette, die uns, unsere marode Zivilisation, mit den Ursprüngen verbinden sollte, gerissen ist: Jetzt baumeln die losen Enden der Kette, die das bislang offenbar einmalige Experiment des Menschen auf diesem Planeten zusammengehalten hat, lose herunter, und kein Großer Zusammenflicker, der sie aufnehmen und wieder verknüpfen könnte. Dieses Leiden des Dichters, das medizinisch nur unvollkommen auszudrücken ist und folglich im Pschyrembel nicht vorkommt, versucht ein Dichter dadurch zu kurieren, daß er dichtet, also etwas tut, was gesellschaftlich zwar eigentlich notwendig und unverzichtbar wäre, aber in der heutigen Bedeutungshierarchie trotzdem kaum von Belang ist. Er arbeitet an kleinen Werkstücken, mit denen er die fehlenden Glieder der Kette zu ersetzen versucht, obwohl er sich nur selten der Illusion hingeben wird, diesen Riß je zu heilen. Überläßt er sich aber dieser Illusion, wird er entweder größenwahnsinnig – ein Sachverhalt, der in der Literaturgeschichte bis in die Gegenwart oft zu beobachten ist – oder aber melancholisch. Beide psychischen Dispositionen liegen so dicht beieinander, daß sie oft kaum zu unterscheiden sind, und sie sind beide dafür verantwortlich, daß der Dichter, von außen besehen, zwischen all den Betriebswirtschaftlern dieser Welt einen so unsicheren, schiefen Eindruck macht. Er stellt etwas her, was kaum einer zu brauchen meint, weil sich die Vorstellung durchgesetzt hat, daß unser gelebter Gesellschaftsvertrag auf jedwede Erinnerungen an die Ursprünge verzichten kann. Wir sind, lautet die Präambel dieses Gesellschaftsvertrages, jetzt da und arbeiten bestenfalls für morgen und, wenn es hoch kommt, für ein besseres Morgen, haben aber vergessen oder verdrängt, daß wir in der Hauptsache aus Gestern bestehen. Unser gemeinsames Gestern hat uns die Begriffe und Vorstellungen des Heute geliefert. Warum ist es, trotz dieser erstaunlichen Karriere, so in Verruf geraten? Wir reden gerne und viel über Tarifrunden und Medienwirksamkeit, aber man soll uns bitteschön mit der Unterscheidung von apollonisch und dionysisch vom Leibe bleiben. Unsere Ansprüche an die Gesellschaft, »die Assoziation von Individuen, die einen Teil ihrer Macht zugunsten des Allgemeinen abgeben«, sind seit dem 18. Jahrhundert enorm gewachsen, aber nicht mitgewachsen ist das Bedürfnis, über die grundlegenden Muster unserer Existenz aufgeklärt zu werden. An diesem heillosen, heiligen Projekt arbeiten die Dichter, insofern sind sie, auch wenn es oft anders scheint, im Grunde ihres leidempfindlichen Herzens konservativ: Sie sind, wie immer man ihre Anstrengungen und ihre Ergebnisse beurteilen mag, Experten für das Ganze.

Wenn heute Raoul Schrott mit dem Breitbach-Preis ausgezeichnet wird, dann ehrt die Jury einen Dichter, der mit seiner Arbeit auf ganz unmittelbare Weise an die Ursprünge der Menschheit im Spiegel und Spiel ihrer Dichtung erinnert hat. Eigentlich ehrt sie, wie sie es vor dem unerwarteten Rückzug des Geldes auch geplant hatte, drei Schriftsteller: den Verfasser von Romanen und Gedichten; den Übersetzer und Interpreten der ältesten Dichtungen überhaupt; und einen gelehrten und mutigen Essayisten, der mit Kenntnis und Zuneigung wie kein anderer seiner Generation die Gattung der poetischen Rede erklärt und verteidigt hat, die, wie es bei ihm heißt, ein »Maximum von Ideen mit einem Minimum an Mitteln« ausdrücken kann. Und da ein so emphatisches Talent wie Raoul Schrott die kleinkarierten und in aller Regel minderbegabten Neider geradezu herausfordert, hat die Jury nicht nur den Richtigen benannt, sondern auch Mut bewiesen.

Wer das Glück hat, Raoul Schrott etwas näher kennenzulernen, darf sich auf unerwartete Post mit seltenen Briefmarken aus entlegenen Weltgegenden freuen. Wer ihm schreiben will, hat dagegen Probleme mit der Adresse. Man kann die Briefe nach Tirol oder nach Irland schicken, in die Berge oder zu einem Haus über den Klippen, auf jeden Fall in katholisches, mönchisch geprägtes Territorium. Aber wann und wie Raoul Schrott sie empfängt, hat mehr mit den immer unerwarteter und aggressiver reagierenden Elementen zu tun als mit dem relativ stabilen Ordnungssystem der Postverwaltung. Denn Raoul Schrott ist ein begnadeter Reisender, und zwar einer von denen, die kaum auf die reichhaltigen Angebote von TUI und Neckermann anspringen. Er fährt immer woanders hin, und vorzugsweise an solche Orte, wo er die beiden Säulen unserer Zivilisation, die Schönheit und das Elend, unmittelbar anschauen, erleben kann. Ihm ist, um es salopp auszudrücken, Alaska vertrauter als Sylt, und statt nach Mallorca zieht es ihn in die weiten pathetischen Wüsten Afrikas, die er in der Begleitung von Archäologen auf der Suche nach seltenen Wegmarken durchquert hat. Auf solchen Reisen entsteht das Erzählen, die Erzählung, das große Band aus Sprache, das die Menschen jenseits ihrer individuellen Bedürfnisse zusammenhält. »Abend für Abend«, berichtet Raoul Schrott in seinem Essay *Die Namen der Wüste*, »hatten wir so vors Feuer gekauert verbracht, das wir mit den abgefallenen Ästen einer Akazie aus dem Wadi Hamra angezündet hatten, eine Glut, die kaum mehr als nur symbolisch in dieser gottverlassenen Einöde war; aber an dieser Feuerstelle führte das Erzählen alles wieder zusammen und ließ einen Ort daraus werden, in dieser immer zu großen Nacht. An einem Morgen dann aber habe ich auch den Namen gesehen, den die Ägypter für ihre Wüste hatten, einen Schatten, der über die Hammoda strich; der Falke selbst zu hoch, um ihn auszumachen. Er war einer der vielen Verkörperungen des Gottes Seth, den die Niltal-Bewohner fürchteten und die Nomaden als Königsgott verehrten; ein Wildesel war er für die, ein Sandfuchs, der aus dem Süden wehende Khamsin, die Sonne.«

Das Erzählen, so hieß es, führte alles wieder zusammen und ließ einen Ort daraus werden: Dieses Urvertrauen in das Erzählen ist einer der Elementargedanken im großen Kosmos des Raoul Schrott. Und wenn wir seit einigen Wochen bei der Nennung des Begriffs *Kosmos* an Alexander von Humboldt denken, dann soll es nur recht sein: denn wenn einer heute als naturwissenschaftlich und literarisch begabter Sekretär in die Dienste von Humboldt treten dürfte, dann unser Preisträger! Das Erzählen, wie Raoul Schrott es versteht, schafft Orte, Heimat, es schreibt die Landkarten um. Nur wer an der unmittelbaren Erzählung teilnimmt, am Palaver, am Geschwätz, der Rede, am verbindenden »Sätzeaustauschabkommen« (Sloterdijk), wird die Idee, den heißen Kern aller zivilisatorischen Anstrengungen verstehen können. Am Anfang war die Erzählung. Was danach kommt, die Organisation, die Regeln, der Vertrag und der Vertragsbruch, macht sich bald selbständig und wird zu der großen gesellschaftlichen Bedürfnis-Maschine, die das Erzählen abtötet. Am Ende steht der Tourismus als das Todesurteil des Erzählens in seiner elementaren Form. Statt Hopi dann TUI. »Es war schön, die Sonne schien, wir sind von oben bis unten braun«, lautet der letzte Satz vor dem Verstummen.

Man kann der deutschen Literatur nicht gerade vorwerfen, besonders welthaltig zu sein. Andere Literaturen haben es, nicht zuletzt wegen ihrer kolonialistischen Vergangenheit, leichter, das Fremde im Eigenen darzustellen; das Fremde dem Eigenen gegenüberzustellen. Was wäre aus der französischen Literatur geworden, wenn nicht mit den heißen Winden Nordafrikas auch die Literatur des Maghreb nach Frankreich gekommen wäre; wenn nicht die Kinder des Kolonialismus – die Kinder der Kolonisten wie der Kolonisierten – ins sogenannte Mutterland gefunden hätten, in die Republik mit ihrem revolutionären Poem von »Freiheit, Gleichheit, Brüderlichkeit«, das schon bei seiner ersten Bewährungsprobe, der Überfahrt nach Afrika, über Bord gegangen war. Von Camus bis Derrida, von Jabès bis Tahar ben Jalloun – die französische Literatur, das französische Denken wäre ohne diesen afrikanischen Einfluß zu einem hochformalen bürokratischen Regelwerk geworden. Der afrikanische Sand hat es verhindert. Auch die englische Literatur der Gegenwart hat vom Kolonialismus profitiert, der ihren gesitteten Austausch von Höflichkeiten jäh unterbrochen hat. Es waren die indischen, pakistanischen und karibischen Stimmen, die mit rauhen Kehllauten die gedämpfte Unterhaltung am Kamin verstummen ließen.

Die deutsche Literatur der Gegenwart dagegen ist meistens zu Hause geblieben und wurde deshalb auch hauptsächlich nur von der lokalen Politik gestört. Das soll man ihr nicht vorwerfen, man muß es aber feststellen. Gelegentlich fuhr sie nach New York oder Paris, auf die Balearen oder nach Rhodos und hat von dort schöne, interessante Postkarten nach Hause geschickt. Aber die Forsters und von Chamissos haben keine wirklichen Nachfahren gefunden. Vielleicht ist das der Grund, warum so viele Leser den nach Gewicht und Inhalt ja keineswegs leichten und schon gar nicht leicht zu lesenden oder gar zu verschlingenden Roman *Tristan da Cunha* so dankbar und fasziniert aufgenommen haben. Dieses Buch muß man wegen seines Reichtums an Beobachtungen und Beschreibungen, wegen seiner an alte Knüpftechniken erinnernden Form rühmen und lieben; man darf es getrost als einen in vielen Lichtern und Farben schimmernden Solitär bewundern, der sich auf dem kargsten und unzulänglichsten Eiland, das sich denken läßt, aufwächst und entfaltet, ein Ideen- und Abenteuerroman, der seine Kraft und wuchtige Größe aus einer nicht mehr erhofften Sprachgenauigkeit zieht, die bis ins winzigste

Detail die Schattierungen der Seelen und der Sachen ausmalt und vergegenwärtigt, ohne je dem falschen Glanz eines modern gewandeten Historismus oder Exotismus zu verfallen. Dieses Buch ist ganz und gar gegenwärtig. Es ist in jeder Hinsicht ein Meisterwerk, eines dieser großen, dicken, unvergeßlichen Bücher, das auf einer winzigen Insel spielt, die für eine entscheidende Weltsekunde aus dem Meer der Gleichgültigkeit auftaucht und sich nun in der Literaturgeschichte wiederfindet. Aber viele Leser werden nicht nur aus Dankbarkeit für dieses unverhoffte Geschenk das Buch in Erinnerung behalten, sondern weil sie spüren, daß hier eine Schwelle, eine Grenze übertreten wurde in eine Landschaft, in ein Reich, das aus irgendwelchen Gründen einmal zu uns gehört hat, das wir aber im Verlauf unserer Menschheitsgeschichte verloren haben. Verloren für immer. Eine Natur, die zu uns gehörte, die uns aber genommen wurde, die wir uns abtrainiert haben. Die in unseren moderaten Breiten nicht mehr relevant ist, nicht mehr zählt, weil unsere Aufmerksamkeit sich ganz und gar auf uns selber und die Klimatisierung unseres winzigen Weltausschnitts konzentriert hat. »Im Sturm«, heißt es in diesem Buch, »in der ersten Dämmerung dann, härteten die Wolken an ihrer Unterseite aus; sie leuchteten erst bronzen, dann kupferfarben und schließlich matter als Messing. Je mehr es aufklarte und der Wind nachließ, desto mehr zeigten sich die Narben und Risse, die der Sturm an einem von Luppen durchzogenen Firmament hinterlassen hatte, Schlacken in einem flüssig geschmolzenen Eisen, das in der Sonne langsam heller wurde und auskühlte. Die Grundseen aber liefen weiter, sie schienen am Himmel anzubranden und seine metallene

Glut abzuschrecken, daß zischend der Dampf aufstieg, Schwaden, die schwer über den Wassern schwebten und aufs neue die Insel einhüllten.«

Ich könnte seitenlang zitieren, will aber Ihrer Lektüre nicht vorgreifen. Ich will aber darauf hinweisen, daß mit diesem Buch nicht schon wieder ein, wie es heute heißt, sprachmächtiger Erzähler auftritt, sondern daß im Falle von *Tristan da Cunha* die Dinge selbst die Sprache herausfordern. Sie provozieren diese Sprache. Und daß vor dem Hintergrund dieser gewaltigen Spiele der Natur die Spiele des Gefühls der Personen nicht zu kurz kommen, dafür sorgt ein Autor, der eben nicht sprachmächtig, sondern in besonderem Maße sprachaufmerksam ist. Der Autor ist sowohl das Medium, in dem die Natur der Dinge zur Sprache kommt, wie der Demiurg, der diese Dinge zuallererst erschafft.

Ich möchte noch auf ein anderes Wunderwerk aus Raoul Schrotts Werkstatt hinweisen, seine Übersetzung und Neu-Erzählung des *Gilgamesch*-Epos. In stärker zivilisierten Gemeinschaften hätte er für diese einmalige Arbeit eine Handvoll Ehrendoktorhüte aufgesetzt bekommen, weil kein Dichter vor ihm, trotz Rilkes lebenslanger Schwärmerei, den Mut hatte, diesem frühen Gesang über die Todesfurcht eine zeitgemäße Sprache zu geben. »Ich habe«, schreibt Rilke, »an diesen wahrhaft gigantischen Bruchstücken Maße und Gestalten erlebt, die zu den Größten gehören, was das zaubernde Wort zu irgendeiner Zeit gegeben hat.« Und er fügt in seinem Brief an Helene von Nostitz hinzu: »Am liebsten würde ich's Ihnen erzählen. In den Fragmenten ist ein wirklich wuchtiges Geschehen und Dastehen und Fürchten, und selbst die weiten Text-Lücken wirken irgendwie konstruktiv, indem sie die herrlich-massiven Bruchstellen auseinanderhalten.«

Am liebsten hätte Rilke das *Gilgamesch*-Epos erzählt – aber es mußten mehr als achtzig Jahre vergehen, bis eine Fassung vorlag, die man auch erzählen konnte:

Keiner sieht jemals den Tod,
keiner erblickt jemals das gesicht des Todes,
keiner vernimmt jemals die stimme des Todes,
den grausamen Tod, den schnitter der menschheit.

Und trotzdem gründen wir weiter einen hausstand,
und trotzdem gehen wir weiter unsere verpflich-
    tungen ein,
und trotzdem teilen brüder weiter ihr erbe auf,
und trotzdem entstehen weiter zwistigkeiten im
    land.

Hier, in diesem Epos, das lange vor den griechischen Gesängen entstand, die wir dem Homer andichten, wird die entscheidende Frage gestellt, die, ohne je beantwortet werden zu können, allen menschlichen Irrsinnigkeiten zugrunde liegt: Die großen Götter erlegten uns das Leben und den Tod auf, doch den Tag des Todes, den enthüllen sie keinem. Raoul Schrott hat für uns die sakralen Räume dieser Poesie geöffnet, um unseren von der Gegenwart müden, aufgeklärten Augen den Reichtum der ursprünglichen, mythischen und religiösen Welt zu zeigen, deren Erbe wir nicht angenommen haben, obwohl es uns ohne geistige Erbschaftssteuer zufallen würde. In seiner berühmt gewordenen Anthologie *Die Erfindung der Poesie*, einer Sammlung von von ihm selbst übersetzten Gedichten aus den ersten viertausend Jahren, schreibt Raoul Schrott: »Ästhetik ist nichts anderes als diese Art von Ökonomie – ein Maximum von Ideen mit einem Minimum von Mitteln auszudrücken –, in der die Sprache zum kleinsten gemeinsamen Nenner des Denkens verdichtet wird; die Poesie bündelt das größte gemeinsame Vielfache der Gedanken und ihre Zweideutigkeiten und bezieht die Sprache zurück auf primäre Wahrnehmungen. Dadurch wird sie zum menschlichsten Zeugnis der Existenz, einer wenigstens für die Dauer des Gedichts gültigen Wahrheit, einen Augenblick humaner Totalität.«

Es bleibt ein Rätsel unserer an ihrer eigenen Plattheit und rhetorischen Stümperhaftigkeit erstickenden modernen Selbstbeobachtungsgesellschaft, daß sie sich bei ihren Lebensspielen nicht mehr auf die Poesie bezieht und lieber jede noch so dürftige Prosa bevorzugt. Dieses Rätsel können und wollen wir heute bei dieser Dichterfeier nicht diskutieren; zu lösen wird es ohnehin nicht sein, auch nicht durch den Aufbau von Elite-Universitäten, in denen humane Totalität ohnedies nicht auf dem Lehrplan stehen wird. Der Weg aus dem globalisierten Universum der zugerichteten Prosa in die Landschaften der Poesie ist nur noch über die Bücher zu finden. Und gottlob gibt es historisch und praktisch gut ausgerüstete Führer wie Raoul Schrott, die die längst überwachsenen Pfade kennen.

Ich möchte, zum Schluß, noch einen Dank loswerden. Ich bin nicht nur dankbar dafür, daß ich hier dabei sein darf, wenn mein Freund Raoul Schrott ausgezeichnet wird und einen grundsoliden Scheck erhält, der ihm die sorgenfreie Weiterarbeit an seiner schönen und lebensnotwendigen Aufgabe sichert. Ich bin auch dankbar dafür, daß diese Ehrung im Namen Joseph Breitbachs geschieht; daß sie mit einem Namen verbunden ist, der in meinem Leben eine beträchtliche Rolle gespielt hat. Mein Vater ist hier in Koblenz auf dem Ehrenbreitstein mit Joseph Breitbach in die Schule gegangen, eine kurze Zeitspanne hat Breitbach sogar in der Wohnung meiner Großeltern gewohnt. Nicht nur zu deren Freude übrigens, weil er, was sie offenbar nicht verhindern konnten, französischen Damenbesuch erhalten durfte, der sich, in der bewundernden, vielleicht auch etwas neidischen Sprache meines Vaters, »laut aufführte«. Und von Joseph Breitbach erhielt ich, damals in Berlin in den Nachkriegsjahren, meine erste Schokolade, eine unvergeßliche Stange Toblerone, die mir zu jener Zeit, ich gestehe es gerne, süßer schmeckte als jedes Gedicht. Die Generosität, die diesen Schriftsteller auszeichnete und von der ich später, in seiner Münchner Zeit, wieder so manches süße Stück abbekam, hat nun die Gestalt des Preises angenommen, der an ihn erinnern soll. Ich wäre glücklich, wenn man sich auch seiner Bücher erinnerte.

Lieber Raoul – ich hoffe, daß du dir, trotz deiner anstrengenden Arbeit, die Heiterkeit bewahrst, die das Gegenteil von der Lustigkeit ist, die dem Tiroler merkwürdigerweise nachgesagt wird. Die Heiterkeit, die notwendig ist, um das Schwere auch der Poesie leicht zu machen: in vielen geglückten Gedichten.

Herzlichen Glückwunsch.

Das arme Klappbett

Über Oskar Pastior

Ich glaube, es war der zweite oder dritte Tag seines Aufenthalts in Bayern. Oskar war, von Wien kommend, in München eingetroffen, wo er Familie hatte, mußte aber zunächst in einem Auffanglager außerhalb der Stadt sich aufhalten, um die Formalien seines endgültigen Verzichts auf die rumänische Staatsbürgerschaft zu klären. Sein Entschluß, nicht mehr zurückzukehren, stand fest.

Wir trafen uns bei Barbara und Peter Hamm, die damals in der Leopoldstraße wohnten, in einem zurückgesetzten Haus im obersten Stockwerk. Gewartet wurde auf Gottfried Just, damals ein einflußreicher Literaturkritiker der eher konservativen Fraktion, hochgescheit und eloquent, der nach einem Opernbesuch kommen wollte, und auf Martin Walser, der telefonisch mitgeteilt hatte, noch einen Kollegen mitbringen zu wollen. Martin Walser hatte (und hat) ein großes Herz. Er war in jener Zeit die Anlaufstation für alle Arten von Gestrandeten, ob sie nun aus dem Gefängnis kamen oder aus Rumänien. Deutschstämmige Staatsbürger wurden vom großen Genossen Ceaușescu zu Tausenden in die Bundesrepublik verkauft, um Platz zu schaffen, für Oskar dagegen hatte er kein Kopfgeld einstreichen können, der war von einer genehmigten Auslandsreise nicht mehr zurückgefahren.

Keine Ahnung, wo Martin Walser den freundlichen Schriftsteller aufgegabelt, warum er ihn im Schlepptau hatte, und da so etwas häufiger passierte, gab es auch nicht viele Fragen. Oskar war da. Er trug eine dunkle Hose und einen Pullover mit Rautenmuster, beides neu. Und er rauchte. Rauchen war damals noch nicht geächtet, fast alle rauchten, eine paradiesische Situation für die Länder der Dritten Welt, in denen Tabak angebaut wurde. Nein, Oskar rauchte nicht zivilisiert wie wir, er rauchte wie ein Schlot. Der helle würzige Tabak von *Ernte 23* hatte es ihm besonders angetan, der mußte vor, während und nach dem Essen in Massen inhaliert werden, als hinge sein Leben daran. Martin, ein Jahrgang wie Oskar: 1927, erzählte, wie nur er erzählen kann, wir hörten zu. Auf diese Weise merkten wir nicht sofort, daß Oskar gar nicht zu Wort kam. Oskar hatte nichts gesagt und sagte nichts. Er hörte zu, wie wir den labyrinthisch verschlungenen Wegen der deutschen Linken zu folgen versuchten, er hörte rauchend zu, wie zwischen den verschiedenen K-Fraktionen sorgfältig unterschieden wurde, er hörte rauchend und schweigend zu, wie dieses und jenes gerechtfertigt oder verdammt wurde – und wird sich seinen Teil gedacht haben. Ich nehme an, er hat nur Bahnhof verstanden. Keiner außer den Eingeweihten hat genau verstanden, wo die Linien zwischen den maoistischen, trotzkistischen, albanischen, kubanischen, leninistischen, anarchistischen, fundamental kommunistischen und den tausend anderen Fraktionen verliefen, was also sollte ein Fremder, der (was wir damals noch nicht wußten) ein Arbeitslager hinter sich hatte, von diesem Spuk halten? Wahrscheinlich hat er uns für bekloppt gehalten. Später, als Just endlich eintraf, kam der Abend zu seinem grotesken Höhepunkt, als nämlich, mit ausführlichen Demonstrationen, über die Qualität von Unterhosen gestritten wurde (und selbst ich, als treuer Verteidiger der ausrangierten Armeeunterhose, nichts mehr beitragen konnte).

Auf jeden Fall war irgendwann natürlich die letzte S-Bahn weg, und es mußte ein Schlafplatz für den stummen, erschrocken dreinblickenden Oskar gefunden werden. Er wurde ohne langes Federlesen mir zugeteilt, da ich mit einer Freundin, die allerdings selten in München war, in einer Zwei-Zimmer-Neubauwohnung in der Hildeboldstraße in Nord-Schwabing wohnte.

Oskar kam mit – und staunte nicht schlecht über den Kontrast der beiden Wohnungen, die er an diesem Abend aufgesucht hatte. Denn ich besaß nichts. Kein Bett, kein Sofa, keinen Schrank, keine Pflanzen oder Bilder. In jedem der beiden Zimmer lag eine Matratze auf dem Boden, daneben standen Kisten für die Habseligkeiten, für Bücher, Wäsche, Papiere. In der winzigen Küche wurde gearbeitet. Am Küchentisch haben wir dann bis zum Morgengrauen gesessen und geraucht – und nun war endlich auch Platz für Oskars unglaubliche Geschichte.

Oskar blieb. Er frug mich, ob es mir etwas ausmachen würde, wenn er gelegentlich bei mir übernachten würde, aber das gelegentlich war ein ständig. Er schleppte Dinge an. Er kochte gelegentlich. Wir besorgten ihm (über Gabriele Henkel) eine Schreibmaschine, ein neuer Tisch (Platte auf zwei Böcken) wurde angeschafft – und nach vier Wochen wußte ich (und mußte es meiner Freundin beichten), daß Oskar nicht für immer, aber doch für lange bei mir wohnen bleiben und arbeiten würde.

Also suchte ich eine neue Wohnung, denn es war ausgeschlossen, daß wir zu dritt – noch dazu drei Raucher: Ernte, Rothändle, Kent – länger in der Hildeboldstraße wohnen bleiben durften, ohne uns zu hassen. Ich fand eine Wohnung in der Herzogstraße 108, unterm Dach, in der Oskar das Zimmer zum Hof hinaus erhielt, wo er, inzwischen ein geübter und begeisterter Fernseher, den vor allem die Werbesendungen faszinierten, seine ersten Werke im Westen schrieb, die dann in dem Band »Vom Sichersten ins Tausendste« bei Suhrkamp verlegt wurden. Von seinen Münchner Verwandten hatte Oskar ein uraltes Klappbett mit einem braunen Flauschvorhang erhalten, dessen breiter Bettkasten ihm zugleich als Bücherbord diente.

Da saß er also etwas mehr als ein Jahr, wenn ich mich richtig erinnere, ein liebenswerter, scheuer Mensch, der eine neue Sprache, eine neue Dichtersprache erlernen mußte, der aber auch lernen mußte, sich in der neuen Umgebung zurechtzufinden. Ich glaube, ich habe ihm dabei ein wenig geholfen, und auch meine Freunde Uwe Brandner, Horst Bienek, Paul Wühr, Konrad Balder Schäuffelen, Urs Widmer, der Kreis der Petrarca-Freunde um Hubert Burda, der Schauspieler Werner Schwier, der unter uns lebte, und der seltsame Dichter Carl Werner, der ganz unten wohnte und ständig illustre Gäste hatte. Alle bemühten sich, Oskar das Leben zu erleichtern, aber sie fragten sich auch, was genau hinter der verschlossenen Stirn dieses Einzelgängers vor sich ging. Denn jeder spürte, daß immer eine gewisse Distanz blieb, eine Trennwand, die ihn von den anderen absonderte. Am Anfang habe ich darunter gelitten, weil ich Angst hatte, ich könnte ihn versehentlich verletzt haben. Später wußte ich, daß er diese Distanz brauchte. Also ließ ich ihn ohne jede Frage ziehen, wenn er sich nachts – wenn ich ins Bett ging – auf den Weg machte, um etwas zu suchen, das er in Bukarest offenbar nicht hatte kriegen können.

Eines Tages kam endlich die erlösende Nachricht von Walter Höllerer, den ich gebeten hatte, Oskar ein Stipendium im Colloquium zu beschaffen. Schließlich mußte Oskar mal was verdienen. Er zog nach Berlin, dann wollte er wiederkommen, blieb aber hängen. Als ich auch diese Wohnung aufgeben durfte, frug ich Oskar telefonisch, ob ich das furchtbare Klappbett einfach stehenlassen dürfe. Ja ja, laß es nur stehen, das arme Klappbett, war seine Antwort. Wahrscheinlich steht es noch heute dort.

Der von Gott verlassene Stoff der Welt

Über Tankred Dorst und Ursula Ehler

»Warum sagt ihr mir nicht, warum es in der ganzen Welt so stinkt?« – das waren die ersten Dorst-Worte, die ich zu hören bekam. Ich hörte sie vor vierundvierzig Jahren im Januar 1962 in Berlin aus dem Mund von Gisela Stein, gesprochen, nein: herausgeschleudert, mit einem mächtigen Pathos aus der Tiefe des Körpers gegrollt, als wollte sie die Grundfesten des Mauerwerks zum Einsturz bringen, auf der Bühne der Werkstatt des Schiller-Theaters, damals eine der wichtigsten, innovativsten Spielstätten des Landes, heute längst verwaist und vergessen wie das Haupthaus, wo unter der Regie von Kortner bis Beckett die besten Schauspieler demonstrieren konnten, zu welchen Möglichkeiten der physischen Vergegenwärtigung eines Textes Theater fähig war. Gisela Stein also sagte:

»Ihr da oben, ihr Goldgestickten mit euren schönen Gesetzen und mit eurer schönen Weisheit und mit eurer schönen Moral, warum sagt ihr mir nicht, warum es in der ganzen Welt so stinkt? Ihr streckt eure Nasen doch höher als ich! Müßt doch wissen, warum! Pah, stinkender, toter, grüner, madenzerfressener Kadaver, ich halt mir die Nase zu! Ich spuck dich an! *Sie läuft gegen die Mauer* Laßt mich ein! Gebt mir den Weg frei! Mauer da, dicke Mauer, geh weg! Geh weg! Dicke, große, alte, stupide Mauer! – Ich, Fan Chin-ting, steh hier unten. Ich will nicht da stehn! Ich will durch! Ich werd mit meinem Kopf gegen dich schlagen, bis du einstürzt! Dich hasse ich am meisten! Was ist es, Mauer, daß ich nicht mit dem Mann zusammenkomme? Warum ist er fortgegangen? Warum verstehn wir uns nicht? Wir können doch sprechen! Warum stehst du da, Mauer? Warum bin ich hier unten, der Mann aber auf der anderen Seite? Warum sind alle Gesetze nichts wert? Aller guter Wille nichts wert? Alle Hoffnung nichts, alle Sorge nichts, alle Klugheit nichts, alle Liebe nichts, nichts, nichts! Gib Antwort! Warum stehst du da, Mauer? Schweig nicht! Warum stehst du da? Gib Antwort! Antwort! *Sie trommelt in unsinnigem Zorn gegen die Mauer* Ich hasse dich! Ich spucke dich an! Ich lach dich aus! Ich verfluch dich! Ich verfluch dich! Ich! Ich! Ich! Ich! Ich! Ich! Ich!

Ein Soldat von der Wache ist hereingekommen, sein Gesicht ist durch ein Visier verdeckt. Er stößt die Frau mit der Lanze an.

DER SOLDAT Geh weiter! Niemand hört dir zu!«

Das waren also meine ersten Dorst-Sätze, und uns allen, die wir in dem kleinen Theater auf knarrenden Stühlen versammelt waren, lief es kalt den Rücken hinunter. Das Stück hieß *Große Schmährede an der Stadtmauer*, war die Dramatisierung einer chinesischen Parabel und handelte davon, daß eine Frau ihren Mann wiederhaben will, der von den Truppen des Kaisers angeworben wurde. Das Stück, vor allem aber die letzte Sequenz, werden mir nicht nur deshalb in Erinnerung bleiben, weil die wunderbare Gisela Stein auf der Bühne stand, sondern weil sich ihrer

Klage – ungeplant und ungebeten und deshalb um so unheimlicher – der rasselnde Atem der Geschichte beigemengt hatte. Ein halbes Jahr zuvor hatte ja bekanntlich ein mit 99,9 Prozent vom Volk gewählter Kaiser, der Genosse Walter Ulbricht, eine Mauer durch Berlin, dann durch Deutschland bauen lassen und damit jene große Klage provoziert, die Tankred Dorst ganz ahnungslos, aber sehr hellsichtig in seinem Mauer-Stück antizipiert hatte. Große Kunstwerke haben an entscheidender Stelle Glück gehabt, heißt es einmal sinngemäß bei Adorno. Im Falle der *Großen Schmährede* traf während des politischen Unwetters jener Zeit ein Blitzstrahl dieses Stück und ließ es plötzlich anders, aktueller aussehen, als es intendiert war. Eine hochmetaphorische Anklage wurde im Handumdrehen in eine sehr unmittelbare Botschaft verwandelt, ein dramatischer Metabolismus, den die Geschichte des Theaters oft erlebt hat. Denn eigentlich steckte ja im letzten Satz die Botschaft, die unserem heiklen, zerrissenen Lebensgefühl der im Krieg geborenen, im Frieden aufgewachsenen Jugend entsprach: »Geh weiter! Niemand hört dir zu!« Es war die Zeit des sogenannten »absurden Theaters«, dessen existentialistische Grundstimmung des prinzipiellen Aneinandervorbeiredens uns mächtiger anzog als die belehrenden Exerzitien des Bertolt Brecht, die wir bis 1961 am Schiffbauerdamm beklatscht hatten. Brechts laue, wenn nicht feige Haltung während des Aufstands hatte uns endgültig von ihm entfremdet. *Die kahle Sängerin* von Eugène Ionesco war der Hit der Saison, in dem zwei Menschen sich eine Stunde lang kennenlernen, um am Ende herauszufinden, daß sie miteinander verheiratet sind; ein anderes Stück war Roger Vitracs *Die Reichsgründer oder das Schmürz*, in dem das gestaltlose, anonyme, von jeder Individualität und Physiognomie befreite Schmürz die gesamte Bühnenzeit unter einem Lumpenbündel verborgen bleibt, geschunden, getreten, vergessen. Oder eben »Das letzte Band« von Beckett, das in der Werkstatt des Schillertheaters aufgeführt wurde wie die »Schmährede«, mit dem mümmelnden, seine Worte wie seine Bananen genüßlich zermalmenden Walter Franck als Krapp, eine minimalistische Meisterleistung für Finger, Augenbrauen und zuckende Mundwinkel, die einem das Blut in den Adern gefrieren ließ. Fünfzehn Jahre nach Kriegsende bejubelten wir – auf dem Theater – eine absurde, sinnlose Welt ohne jede metaphysische Begründung. Und als enthusiastische Erstabonnenten der neu gegründeten Zeitschrift »Theater heute« lasen wir über den Autor der *Schmährede* mit dem für unsere Berliner Nachkriegsohren so eigenwilligen Vornamen Tankred: »Wovon handelt das Stück? Von der gestörten Weltordnung, davon, wie Mann und Frau einander verfehlen, aneinander vorbeispielen, -leben.« Genau, ganz genau so ist es, dachten wir, Henning Rischbieter spricht uns aus dem Herzen. Es stand aber auch da, etwas weniger pathetisch: »Eine neue Generation von Schriftstellern ist da, heute Mitte dreißig alt... Jahrgang 1925–1929 – das sind die Luftwaffenhelferjahrgänge, diejenigen, die alt genug waren, daß sie als Sechzehn- bis Neunzehnjährige noch die letzten Jahre des Krieges, das NS-System bewußt, ja konstitutiv erlebten – ihre Empfindungen und ihre Empfindlichkeiten rühren davon her –, aber auch jung genug, daß sie nicht physisch oder psychisch daran zerbrochen, ausgehöhlt wurden. In ihren Händen, scheint es, liegt das Schicksal der deutschen Literatur in den nächsten Jahrzehnten, auch der dramatischen.«

Der Mann hat recht behalten, können wir heute sagen, denn tatsächlich hat diese Generation, von Dorst und Rühmkorf über Grass und Walser und Lettau und Baumgart bis zu Enzensberger, Heiner Müller, Christa Wolf und Ludwig Harig, über Jahrzehnte die deutsche Literaturgeschichte geschrieben. Aber damals war diese Prognose doch gewagt. Damals war die Welt plötzlich so entsetzlich grobschlächtig in zwei Blöcke geschieden, und fast jeder wußte, wer und was gut und wer und was schlecht war. Fünfzehn Jahre nach Kriegsende waren auf unserer Seite der Mauer Scham, Schuld und Zweifel in den Mörtel gerührt, mit dem die Fassaden der neuen Wohlstandswelt befestigt und verschönt wurden, und auf der anderen Seite der Mauer herrschte ungebremst und mit blödsinniger Anmaßung der geschichtsphilosophische Optimismus des Arbeiter- und Bauernstaats, der seine bombastisch aufgespritzten Banalitäten in der Zeitung »Die Wahrheit« veröffentlichte, die wir nach dem Theater auf allen S-Bahnhöfen im Aushang lesen durften. Weiß Gott eine gute Zeit für Schriftsteller auf der Suche nach der Wahrheit. Denn die zum Fluch gesteigerte Klage, wie sie Gisela Stein in der *Schmährede* mit der ihr noch verbliebenen Rest-Energie herausschreit, wäre in der »Wahrheit« nicht zugelassen worden. »Warum sagt ihr mir nicht, warum es in der ganzen Welt so stinkt?« – dieser Satz wäre in dem einen Staat, wo es prinzipiell nie stinken durfte, als Beleidigung empfunden worden, im anderen, wo man den Teppich über den braunen Unrat gerollt hatte, wurde er als hysterische Äußerung eines überspannten Künstlers genommen. Offiziell stank es immer nur bei den anderen, nie bei einem selbst.

Das konnte nicht gutgehen.

Acht Jahre später mußten wir über Gewalt und Gegengewalt, über leninistische Parteidisziplin und marxistische Befreiungsbewegungen diskutieren, über etablierte und neue Gesellschaften und das subversive Potential der Sinnlichkeit, über Konterrevolution und Revolte. »Die westliche Welt«, hieß es bei Herbert Marcuse, mit dem auch ich befreundet war, »hat eine neue Entwicklungsstufe erreicht: die Verteidigung des kapitalistischen Systems verlangt heute die Organisierung der Konterrevolution innerhalb wie außerhalb des eigenen Bereichs... Der Kapitalismus reorganisiert sich, um der Gefahr einer Revolution zu begegnen, welche die radikalste aller historischen Revolutionen wäre: die erste wahrhaft weltgeschichtliche Revolution.« Diese »nächste Revolution« würde das Werk von Generationen sein, sagte Marcuse und beendet seinen Traktat mit dem wenig hoffnungsfrohen Satz: »Die Endkrise des Kapitalismus kann sehr wohl länger als ein Jahrhundert dauern.«

In einer Zeit, in der so und so radikal gedacht wurde, kamen auch die Kunst und das Theater nicht ungeschoren davon. Manche waren bereit, sie als Affirmation an die bürgerliche Gesellschaft zu denunzieren oder gleich abzuschaffen, andere empfahlen, die Opernhäuser in die Luft zu jagen, wieder andere versuchten die Kunst zu retten, indem sie die ihr innewohnende Qualität beschworen, die Schönheit als sinnliches Erscheinen der Idee der Freiheit offenbaren zu können, und wieder andere inszenierten ganz einfach die BILD-Zeitung, den rohen Stoff des Ressentiments, weil sie der Ansicht waren, daß sich die Ideologie dadurch von selbst entlarven würde. Keiner, nicht einmal auf dem Theater, wußte so genau, wie und wohin das gehen sollte. Also entstand ein großes Durcheinander, dem wir immerhin die Berliner Schaubühne verdanken, deren Programm, Vernunft und Sinnlichkeit zu vermitteln, damals die avancierteste Form des Theaters darstellte.

Und wieder hatte Tankred Dorst, inzwischen ein schon bekannterer, wenn nicht sogar bereits ein bekannter Theaterautor, Glück: mit dem Drama *Toller*, einer Szenenfolge über Ernst Toller, Leviné und die Münchner Räterepublik. 1965 begonnen, direkt nach dem *Gestiefelten Kater*, wurde *Toller* 1968 von Peter Palitzsch in Stuttgart uraufgeführt, 1970 fand die italienische Erstaufführung am Piccolo Teatro in Mailand unter der Regie von Patrice Chereau statt – es war wiederum das Stück der Stunde. »Das Theater«, hat Tankred Dorst einmal gesagt, »ist eine unreine Kunst, es nimmt alles gefräßig auf, was es brauchen kann.« So ist *Toller* auch nicht mehr das geschlossene Drama, sondern eine Sammlung von Szenen über den verträumten Revolutionär und Autor des Schwalbenbuchs, der in seinen Jahren im Exil sich das Theater als »living newspaper« dachte, als eine spontane, sich täglich ändernde theatralische Vergegenwärtigung von Nachrichten.

Der Schriftsteller und die Macht, über kein anderes Thema wurde damals so intensiv nachgedacht; der Intellektuelle als Lump und Märtyrer, wie Ivan Nagel es in seiner Untersuchung zur Entstehungsgeschichte des Intellektuellen in der Zeit der französischen Aufklärung formuliert hat. Wenn es ernst wird, verbrennt er sich die Finger. Und es war eine ernste Zeit. Die Politik führte unfreiwillig zur Enthüllung dessen, was unser Alltagsleben durch angestrengtes Wegsehen verborgen lassen wollte. So manche Wahrheit, das wissen wir heute, kam ums Leben.

Tankred Dorst hat in einer sehr kritischen Zeit der politischen Vereisung viel für die Wiederentdeckung von Ernst Toller geleistet. Ich kann mich noch gut an seine schmutzigen Finger erinnern, die nach Jahrzehnten zum ersten Mal die staubigen Akten von Tollers Verurteilung in den Archiven geöffnet hatten. Später, als Tankred mit Peter Zadek den Film *Rotmord* drehte, waren die Hände schon wieder sauber.

Toller, der hochfahrende Rhetoriker, aber ungeübte Revolutionär, scheitert. Dem jungen Utopisten darf man auch bei einer öffentlich-rechtlichen Sendeanstalt mildernde Umstände zubilligen, solange kein Blut fließt. Aber was, wenn es um die Lebensbilanz geht? Ich nehme an, Sie alle wissen, wie der arme, hochbegabte Toller geendet hat.

Tankred Dorst hat noch einen anderen Dichter auf die Bühne geholt, den alten Knut Hamsun in dem Stück *Eiszeit*. »Alle, die am Leben kranken«, schrieb Alfred Polgar 1910, »lieben Hamsun, den Dichter der Traurigen, der Wehrlosen und Überempfindlichen, der ohnmächtigen Schwärmer und ohnmächtigen Verzweifler, der Willenskrüppel und der Einsamen, der Frauen und der Juden.« Und ausgerechnet dieser Hamsun, Nobelpreisträger und weltweit beliebter Dichter der Armut, schreibt 1940, nach der Besetzung Norwegens, pro-deutsche Artikel. Als der Krieg vorbei ist, wird er dafür zur Rechenschaft gezogen und verurteilt. Bei Tankred Dorst wird er nicht verurteilt. Da sitzt der alte, verbitterte Dichter auf einer Bank im Park und verteidigt ohne Selbstmitleid, ohne Beschönigung sein Leben. Ein Drama, wie es damals keines gab, weil es eben nicht versuchte, eine wohlfeile besserwisserische Anklage zu zimmern, eine nachträgliche Verurteilung, wie sie leicht zu haben gewesen wäre. Tankred Dorst ließ den Alten sprechen, einen unversöhnlichen, in sich versunkenen, mit sich zerfallenen Eigenbrödler, der nicht die geringsten Anstalten machte, sich den gängigen ideologischen Meinungen anzupassen.

Mit dem Hamsun der *Eiszeit* beginnt Tankred Dorst seine Erforschung der sehr unterschiedlichen Erscheinungsformen des Bösen, dargestellt an einer beeindruckenden Reihe von alten Männern, die sich mit Ingrimm und einem eigentümlichen Hang zur Selbstzerstörung über die weite Bühne des Lebens bewegen, als wollten sie sich an der Natur, die sie so und nicht anders konditioniert hat, rächen. Sie bilden einen Chor der Verneinung, der mächtig und dunkel das helle Lied der Vernunft unterlegt. »Wie leicht fällt es uns, Aufklärung zu liefern, wir sind es in langer Übung gewohnt«, schreibt Dorst. »Sie erspart uns Schrecken, Erschütterung.« Er ging sogar so weit, davon zu träumen, ein »Museum des Bösen« einzurichten, in dem gezeigt werden sollte, was Menschen im Lauf der Jahrhunderte an allen Orten der Welt einander angetan haben. Eine lebendige Landkarte jeder nur möglichen Grausamkeit. Der Münchner Oberbürgermeister ist wahrscheinlich erleichtert, daß es nicht dazu kommen sollte, weil es die falschen Touristen angezogen hätte, dennoch muß gesagt werden, daß uns damit etwas entgangen ist: Statt einer vierten, überflüssigen Pinakothek hätten wir einen Ort erhalten, in dem all das gezeigt worden wäre, was wir, der Aufklärung verpflichtet, nicht sehen wollen, weil es unser Selbstbild stört. Aber es ist da, steigt beharrlich aus den Untergründen unserer zivilisierten Seelen nach oben und zersetzt unser befriedetes Gemeinwesen. »Das Böse ist des Menschen höchste Kraft«, hat Nietzsche der Moderne ins Stammbuch geschrieben, mit unauslöschlicher Tinte. Ob Tankred Dorst für sein Museum den »Kulturellen Ehrenpreis« der Stadt München erhalten hätte, ist fraglich. Man kann sich auch kaum vorstellen, daß dieser sanfte Rebell aus Thüringen in einem Kassenhäuschen sitzt und Tickets für die schwärzesten aller Schwarzen Messen verkauft.

Korbes, der von Gott verlassene Stoff der Welt; D'Annunzio, der italienische Dichter, der sich durch schwülstige Anbetung der Schönheit vergeblich Unsterblichkeit erhofft und heute deswegen vergessen ist; Kupsch, der sein in ihm wachsendes Alter Ego zu ermorden versucht; Herr Paul, der Inbegriff des Scheiterns; Feuerbach, der aus dem Irrenhaus zum Vorsprechen auf dem Theater kommt; Eisenhans, *l'homme sauvage*, der seiner eigenen Tochter verfällt; Karlos, der sich auf Gottes Stuhl setzt und fällt – wenn man diesen eigentümlichen, auf mehr als vierzig Personen angewachsenen Chor betrachtet, dann kann man sich kaum vorstellen, daß ein Autor diese schattenhaften Gestalten eine nach der anderen aus sich herausholt, ohne selbst darüber den Verstand zu verlieren. Aber das Gegenteil ist wahr: Tankred Dorst scheint sich im Schaffensprozeß von diesen Nachtmahren befreien zu können, um selbst immer reiner, aufrichtiger zu werden. Das viele Schlechte produziert bei ihm das wenige Gute. Ein solcher Prozeß, mit dem man aus dem Bösen als ein anderer hervorgeht, braucht eine helfende Mittäterschaft, allein kann man es nicht schaffen. Dieser Mittäter ist eine Mittäterin, heißt Ursula Ehler und steht Tankred seit 1970 zur Seite. Wer wie ich die Gelegenheit und das Glück hatte, zunächst auf dem selben Flur wie die Dorsts, später ein Stockwerk über ihnen zu wohnen, könnte bestätigen, welchen Anteil Ursula an der Menschwerdung von Tankreds Phantasiegestalten hatte. Wenn ich sie also beide lobe, spricht die Freundschaft mit. Von oben, von meinem Balkon aus, konnte ich das Paar im Garten beobachten, ohne daß ein störendes Wort dieses innige Bild getrübt hätte: Ich sah, aber verstand nichts. Ich sah nur die in seinen beneidenswert dichten Haaren wühlenden Finger Tankreds und die erst ausgestreckten, dann sich verknotenden und wieder spreizenden Finger Ursulas, dieses einmalige Handballett, das den noch zwischen den Zeilen schlafenden traurigen Helden ihrer Stücke gebot, sich zu bewegen. Und als hätten sie nur darauf gewartet, endlich etwas sagen zu dürfen, mischten sie sich in den weichen Graphit des Bleistifts und begannen ihr Leben: »Wer ist denn Feuerbach? – Wer bin ich? Ich bin ein Niemand. Ich bin Null. Ich bin der Nullmensch. Gestern sprach mich jemand an, als ich in einer Parfümerie einen Dachshaarpinsel kaufte – in diesem Punkt bin ich altmodisch, ich hasse das Patente, das allzu schnell Fertige, die Instant-Produkte, die Spraydosen – Guten Tag, Herr Feuerbach. – Was meinen Sie? – Ich hatte buchstäblich meinen Namen vergessen, beziehungsweise ich hatte ihn nicht vergessen, sondern ich konnte ihn nicht in Zusammenhang mit meiner Person bringen. Und ich muß sagen, ich war sehr froh darüber.«

Dann schwiegen die Hände, und es gab, wie immer im Garten von Ambach, Kaffee. Tankred lag mit der satten Gelassenheit unserer damaligen Katze im Liegestuhl zwischen seinen Birken, die Tschechow persönlich in unserem Garten gepflanzt hatte, und las, dann fiel die Hand zur Seite und die Augen klappten zu, weil sein Kopf sich schon auf den Auftritt der nächsten Person vorbereiten mußte, ein Familienmitglied aus den deutschen Stücken, dem die Erinnerung noch das richtige Kleid anpassen wollte, Dorothea Merz oder Klaras Mutter oder die nicht mehr ganz junge Irene, die mit den anderen den Chimborazo besteigen will, lauter Frauen diesmal, die für einen kurzen Moment aus dem dichten Schatten der deutschen Geschichte treten, etwas verdutzt dreinschauen, weil sie noch am Leben sind, aber doch vom deutschen Unglück affiziert, überschattet von Schwermut und Müdigkeit. Oder meldet sich Merlin zu Wort, der den beiden Dorsts dann zum Lebensmittelpunkt geworden ist? Auch Merlin hat wie seine Vorgänger lange an einem dunklen Strom gesessen und die Boshaftigkeit, die Niedertracht und die Verstellung an sich vorbeifließen lassen. Für die Dorsts ist »Merlin der Sohn des Teufels, wie Christus der Sohn Gottes ist. So wie Christus die Menschen im christlichen Sinne erlösen will, soll Merlin, der Sohn des Teufels, die Menschen zum Bösen führen, eine andere Art von Erlösung.« Uns Münchnern ist Dieter Dorns Aufführung an den Kammerspielen unvergeßlich: Der Geist des großen Dramas, der das Helle heller und das Dunkle dunkler macht, ist in diesem Stück gegenwärtig, ein Triumph. Plastik und Tiefe, Monumentalität und geduldige Liebe zum Detail, flackerndes Feuer und pastorale Idylle – in diesem Stück, das trotz seiner Größe (und seiner Länge) nichts Verstiegenes, nichts Marottenhaftes hat, wird Theater zum Welttheater. Kein Wunder, daß sich der sinistre Zauberer Merlin an die Spitze des unreinen Haufens, des Zuges der dunklen Gestalten der Dorsts gesetzt hat. Merlin gibt die Melodie vor, nach der die anderen tanzen müssen.

Das wenig dramatische München war seltsamerweise immer auch eine Stadt der Dramatiker. Von Ibsen über Kipphardt bis Achternbusch haben sie hier das Drama des Alltäglichen und das Drama der Welt ausgebrütet. Aber keiner von ihnen hat ein so vielfältiges, beeindruckendes dramatisches Monument errichtet wie Tankred und Ursula Dorst. Seine zarten Marionettenspiele und seine Libretti, vor allem für die Münchner Komponisten Wilhelm Killmayer und Günter Bialas, ihre gemeinsamen Drehbücher und ihre Filme, ihre Übersetzungen und Bearbeitungen, ihre Prosabücher, Vorlesungen und kritischen Schriften, vor allem aber ihre noch ungeschriebenen und ihre schon geschriebenen vierzig Stücke ergeben ein so gewaltiges Werk, daß der Kulturelle Ehrenpreis der Stadt München dagegen geradezu wie ein Schluckauf wirkt. Also schweige ich lieber. Aber nicht ohne vorher den Preisträgern unser dankbares »Herzlichen Glückwunsch« zugerufen zu haben.

»Gibt es etwas Paradoxeres
als den Interpreten?«

Rede auf Alfred Brendel

Das Klavier ist zwar ein gesprächiges Instrument, das
in seiner relativ kurzen Lebenszeit eine erkleckliche
Menge an Literatur hervorgebracht hat, aber die Antwort auf eine entscheidende Frage ist es uns schuldig
geblieben: Mit was spielt ein Klavierspieler, wenn er
Klavier spielt? Wir müssen die Antwort selber geben.
Ich hätte, der schönen Umstände eingedenk, die uns
hier zusammengeführt haben, diese naive Kinderfrage
auch stilvoller formulieren können: Welche verborgenen Energien befähigen einen großen Pianisten, einen
bekannten Virtuosen oder grandiosen Interpreten dazu, dem Flügel einen Klang zu entlocken, der anders
ist als der, der durch das korrekte Herunterdrücken
der weißen und schwarzen Tasten entsteht? Wie wir
auch fragen, es geht um den Mann am Klavier. Die
erste Antwort lautet schlicht und ahnungslos: Er spielt
mit den Fingern, auch wenn in letzter Zeit gelegentlich der Einsatz des Unterarms, des mit vollem Recht
so genannten Musikantenknochens, oder, seltener,
der auf die Tasten schlagende Kopf und sogar ganz
und gar unmusikalische Schlaginstrumente zum ton-
erzeugenden Einsatz kamen; in der Regel aber: die Finger, die im Verlauf der Evolutionsgeschichte, als der
Mensch sich, zum maßlosen Erstaunen der Tiere, für
den aufrechten Gang entschied, ihre beispiellose Kar-

riere begannen: Wer hätte gedacht, daß diese Krallen, die eben noch nach eßbaren Wurzeln in der Erde wühlten, sich für Rhythmus, Melodie und Harmonie interessieren könnten? Die zweite Antwort, oft von denen gegeben, die nicht gelernt haben, schwierige Partituren zu lesen: Er spielt mit dem Herzen. Auf welche geheimnisvolle Weise das Herz die Tasten bewegt, ist nie schlüssig geklärt worden, aber daß es die Fähigkeit hat, Klänge zu erzeugen, gehört zu den unumstößlichen Tatsachen des inspirierten Klavierspiels. Die Anverwandlung des nie vollständig Begriffenen der Partitur an den Klang geht über das Herz, das dann seinerseits überzugehen droht, wenn es *zu stark* in Anspruch genommen wird. Drittens, der Herzspielweise verwandt: Er spielt mit Gefühl, oft auch: mit Seele. Eine heikle Sache, weil die Seele nun einmal nicht sinnlich wahrnehmbar ist, aber dennoch existiert. Wenn man sich auch in Fachkreisen darüber einig ist, daß es ohne Gefühl nicht geht, kann andererseits das reine Gefühl, wenn es mit den Tasten in Verbindung kommt, die glasklare Transparenz des Spiels verderben. Bekannt ist der Fall des inzwischen in Vergessenheit geratenen Pianisten, der bei stark gefühlsbetonten, jubelnden Partien zur Steigerung seiner Ausdrucksfähigkeit immer an sein anschwellendes Bankkonto dachte, was naturgemäß zu einer starken Reduzierung seines Repertoires führte. Er ist übrigens musikalischer Vermögensberater geworden. Die vierte Antwort lautet: Er spielt mit dem Verstand, seltener, aber auch dieser Kategorie zuzuschlagen: mit dem Intellekt. Wer allerdings nur mit dem Verstand oder dem Intellekt Klavier spielt, hat schon fast verspielt: Selbst die mit dem größten Scharfsinn analysierte Partitur wird ihre potentiellen Möglichkeiten nicht dem offenbaren, der sie nur verstanden zu haben glaubt; wenn es zum Spiel kommt, ist der *homo ludens* dem Geistesmenschen überlegen: Die Einsamkeit und die Grazie, die notwendig sind, um die tönenden Landschaften des Schmerzes und der Melancholie zu durchwandern, verschließen sich den nur vom Intellekt bewegten Händen. Die fünfte Antwort, die gerne gegeben wird, wenn der Verstand sich in die Kulissen verzogen hat: Er spielt mit dem Eros. Ja, dieser unfaßbare Begleiter, der gern in metaphorischen Verkleidungen auftritt und das Spiel gewissermaßen an sich reißt, der sich häufig nicht um die Tempi schert, der Angst vor der Stille hat und dessen hoher Herzschlag den Ton angibt, dem das Spiel gefälligst folgen soll, ist ein gern gesehener Auftrittskünstler, weil er auch aus den klassischen Werken jene libidinösen Aufputschmittel zieht, die mit dem Schlager konkurrieren können: Wenn der Eros am Flügel sitzt, summen alle, mit den Köpfen Metronom spielend, selig ergriffen mit. Eine äußerliche Form des in traditionellen Philharmonien meist im Verborgenen wirkenden Eros führte in London kürzlich die Pianistin Myleene Klass bei einem Konzert mit Elgar, Beethoven und Satie vor, als sie rückenfrei und nur mit einem Lätzchen vor der Brust am Klavier saß. Die Begründung dieses hocherotischen Auftritts: »Die klassische Musik wird aussterben, wenn wir sie nicht weiterpflegen.«

Ich breche hier mit der Aufzählung der Möglichkeiten, die dem Pianisten, bewußt, halbbewußt, unbewußt oder bewußtlos zur Verfügung stehen, ab und erwähne nur noch am Rande, daß Alfred Brendel, um den es heute abend geht, seit seiner ersten Begegnung mit Strawinskis »Petruschka« Heftpflaster auf den Fingerkuppen trägt – allerdings nicht, um für Hansaplast Reklame zu machen oder um die Qualität seines Spiels zu verbessern und das Phantom der Vollkommenheit zu reizen, sondern um die Fingernägel zu schonen.

Da wir in München das Privileg haben, Alfred Brendel regelmäßig zuhören zu dürfen, dürfen wir ihm auch zusehen, auf die Finger sehen: Wir dürfen zusehen, was die Musik, nicht die Technik, seinen Fingern zu sagen hat. Aber es sind eben nicht nur die Finger, die spielen, sondern die ganze Gestalt: Es ist der Körper, der manchmal mit fast unerträglicher Intensität spielt. Für einen Abend werden wir dann zu Zeugen jener seltsamen Verwandlung, die eben nur die physische Präsenz des Pianisten zeigen kann: die vor unser aller Augen stattfindende Verwandlung vom Rohen zum Schönen. »Klavierspielen«, heißt es in einem von Alfred Brendels Gedichten, »kann man bekanntlich auch kopflos«, aber gottlob hält er sich selbst nicht daran. Alfred Brendel hat oft auf seine Nähe zu Schauspielern hingewiesen, auf die Notwendigkeit, den Charakter einer Rolle, eines Stückes *darzustellen*. Dieser Charakter muß sich freilich uneingeschränkt aus der Musik ergeben, von den Stücken und ihrer Struktur her entwickelt werden – und nicht umgekehrt: »Wer zu Beginn der C-Dur-Sonate von Haydn so aussieht«, schreibt Brendel, »als sei er dabei, ein schwieriges Kreuzworträtsel zu lösen, richtet mehr Schaden an als der Spieler, dem es während des Adagios der sogenannten Mondschein-Sonate in den Sinn käme, fröhlich zu lächeln.« Dieses anmutige Lächeln, man muß, auch wenn es banal klingt, immer aufs neue darauf hinweisen, ist nicht der Ausdruck spontaner Zuneigung zu einem Stück, sondern das selten erreichte Ergebnis einer langen Anstrengung. Während wir Hörer es für selbstverständlich nehmen und dankbar von der Nachahmung leben, weil wir auch glücklich sind, wenn der Pianist ein zufriedenes Lächeln zeigt, während wir also spontan mitlächeln, wenn das Adagio erklingt, ist die entspannte Physiognomie des Spielers der sauer verdiente Lohn für geleistete Arbeit. Aber auch das angespannte, das abwesende oder entschlossene Gesicht, das die Töne nicht an die Zeit verlieren will, an die Stille oder das Rauschen, ist das physiognomische Ergebnis einer manchmal lebenslangen Einübung. Nur die sterile Neutralität des Ausdrucks läßt uns die Augen und Ohren schließen. Alfred Brendel hat in einem seiner klugen, beneidenswert klar geschriebenen Aufsätze, in dem Essay »Das umgekehrte Erhabene. Gibt es eigentlich lustige Musik?« das Problem, wie das Lächeln auf das Antlitz des Pianisten kam, beschrieben – und er kommt zu dem befreienden Schluß: »Der Pianist, dem es am Ende von Beethovens G-Dur-Sonate opus 31/I nicht gelungen ist, jemandem einen Lacher zu entlocken, sollte Organist werden.«

Und warum dürfen wir lachen? Alfred Brendel schreibt: »Gegen Ende von Beethovens Sonate opus 31 lösen verschiedene Tempi einander ab, mit Adagios, deren Langsamkeit und Pausen, deren Länge die Hauptmelodie des Satzes bis ins Uferlose zerdehnen, und mit einem Schluß-presto, das die dreißig Sekunden wieder einzuholen versucht, die man vorher vertrödelt hat. ... Wäre das Stück nichts als ›tönend bewegte Form‹, man könnte es ruhigen Gewissens der Vergessenheit preisgeben. Nicht weniger als siebenmal beginnt Beethoven im Verlauf dieses Satzes das gleiche Anfangsthema in der gleichen Tonlage und Grundtonart G-Dur. Wer glaubt, dies sei aus Achtlosigkeit und ohne besondere Absicht geschehen, der hebe die Hand. – Während einer meiner Aufführungen des Stücks im Konzertsaal flüsterte, wie mir hinterbracht wurde, eine Dame der anderen zu: ›Er spielt seine Hände nicht zusammen!‹ Weitere Hinweise darauf, daß Beethoven Komisches im Sinn hatte, finden sich im kurzen *staccato* und in der bizarren Regelmäßigkeit knapper, abgehackter Klangstrecken. Der Charakter des Satzes ergibt sich als eine Mischung aus zwanghafter Entschlossenheit und Zerstreutheit: Wenn das Stück überhaupt vom Fleck kommt, gerät es dorthin, wo es nicht hin will oder soll, etwa nach H-Dur statt in die beim Seitenthema übliche Dominante D-Dur, oder (in der Reprise) gar nach E-Dur statt zurück in die Grundtonart. Was Beethoven hier präsentiert, verblüfft und belustigt als Verstoß gegen die harmonischen Erwartungen. Die Coda zeigt jedem, dem es vorher nicht aufgefallen war, daß Beethoven mit uns seinen Scherz treibt.«

Dieses längere Zitat deshalb, weil daraus am hellsten die Arbeitsweise des Pianisten deutlich wird, der eben auch ein wunderbarer Schriftsteller ist: seine Lust am Detail und sein Überblick über das Ganze, seine überwältigende Kenntnis der Literatur im weitesten Sinne und seine Liebe zur Praxis, sein Sinn für Humor und Anekdote und sein Ernst, mit dem er sich seinem schwierigen und beglückenden Metier hingibt. Ihm entgeht, wenn man seine kriminalistischen Untersuchungen zu Beethoven, Mozart und Liszt liest, buchstäblich kein Ton. Und dem einzelnen Ton, seinen enormen Klangfarben und Anschlagsnuancierungen, widmet er sich ebenso intensiv wie dem ganzen Stück. Die Herausforderungen der Einbildungskraft, die die Partitur erzwingt, noch ehe ein einziger Ton erklungen ist, sind ja viel umfangreicher, als wir konsumistischen Hörer es uns träumen lassen. »Gibt es etwas Paradoxeres als den Interpreten?«, fragt Alfred Brendel: »Er soll sich kontrollieren und zugleich sich selbst vergessen. Er soll dem Buchstaben des Komponisten und der Laune des Augenblicks gehorchen. Er soll ein Handelsobjekt des Konzertmarktes sein und doch eine unabhängige Persönlichkeit.«

Ein Kalb mit vielen Köpfen also, ein Klon? Da liegt es nahe, in der »Kindheit des Chefs« nach traumatischen Ereignissen zu suchen, die durch hartes Üben weggebügelt, überspielt werden mußten. Aber da ist nichts, da gibt es keine pathologische Substanz, es sei denn, man wollte das Normale einer mitteleuropäischen Existenz heute bereits als das schlechthin Unnormale charakterisieren. Vielleicht klingt es für einen, der in einer Villa in Grünwald geboren wurde und sein ganzes Leben in München gelebt hat, sonderbar, wenn ein anderer in Wiesenberg in Nordmähren zur Welt kam, und zwar in einer österreichisch-deutsch-italienisch-slawischen Familie – und doch etwas aus ihm wurde. Vielleicht hat es in unserer geordneten, überschaubaren Welt etwas zu sagen, daß der Vater auf der Insel Krk ein Hotel betrieb, wo der kleine Alfred zum ersten Mal einen Plattenspieler bedienen durfte, um Jan Kiepuras Lied »Ob blond, ob braun, ich liebe alle Fraun« den Gästen zu Gehör zu bringen. Und auf dem ersten eigenen Plattenspieler, später, in Zagreb, einem gelben Ungetüm mit Trichter, durfte sich der Junge in das Lied vertiefen: »Was macht der Maier am Himalaja?«, das bekanntlich auf furchtbare Weise endet: »Rauf, ja das kunnt' er, aber wie kommt er wieder runter? Der macht ein Rutsch und ist futsch.« Mit sechs Jahren gab es jedenfalls Klavierunterricht, was ihm offensichtlich nicht zum Schaden gereicht hat; mit sieben die erste eigene Komposition: ein Walzer im ¾-Takt, uraufgeführt im selben Jahr vom Komponisten höchstpersönlich und von Daria Gasteiger, die zu Alfred Brendels Musik einen Spitzentanz bot. Von Daria haben wir leider nie wieder etwas gehört. Ebenfalls mit sieben, im Zagreber Opernhaus, die erste Bühnenerfahrung, eine Hauptrolle als General mit Fez und Säbel, der seine Texte auf kroatisch sprechen mußte. Nicht einmal diese Rolle hat pathologische Rückstände aufgebaut, sondern im Gegenteil dazu beigetragen, einen strikt pazifistischen Charakter zu entwickeln. In jener Zeit auch die ersten Filmerfahrungen, weil der Vater für eine Weile das Kino »Capitol« in Zagreb leitete. Tiefste Eindrücke: der Mozart-Film »Wen die Götter lieben« mit Matthias Wiemann. In Graz dann, während des Krieges, der erste Preis in einem Jugendwettbewerb, für das Stück: *Wilde Jagd.* Dann besetzte die russische Armee die Steiermark, und Mutter Brendel ging mit dem Sohn bis Kriegsende nach Südtirol. Mit sechzehn Jahren, nach dem Krieg, erzählt Alfred Brendel in seinem herrlichen Gesprächsbuch mit Martin Meyer, verläßt er dann zum Entsetzen seiner Mutter die Schule, um sich ganz der Kunst in die Arme zu stürzen.

Also alles andere als ein Wunderkind. In seinem Elternhaus hing kein Gainsborough, es gab keinen Kult um die Kunst, nichts Entrücktes und nichts Verrücktes, das man hätte abschütteln müssen, aber auch nicht das Selbstverständliche, das heute jedem zur Verfügung steht, wenn es auch nur in den seltensten Fällen wahrgenommen wird. »Ich mußte mir all das, was mich besonders interessierte, allein für mich selbst herausfinden. Diese Gewohnheit ist mir geblieben«, sagt Alfred Brendel selbstbewußt, der andererseits keine Gelegenheit ausgelassen hat, sich bei seinen Förderern zu bedanken: bei seinen Eltern vor allem, die eben nichts verhindert haben, bei der ersten Klavierlehrerin, bei dem verehrten Edwin Fischer, bei seinen bewunderten Vorgängern am Klavier, bei Cortot und Wilhelm Kempf. Aber er war immer sein eigener Lehrer gewesen. Es gab keinen charismatischen Meister, keinen Wissenden, keinen Heiligen, es gab, außer den Noten selber, keine Instanz der Anleitung und Vermittlung. Weil diese geradezu empörende Lehrerlosigkeit ungewöhnlich ist, wurde die kurze Begegnung mit Eduard Scheuermann bei einem Sommerkurs in Salzburg in der Literatur stets aufgewertet. Aber es hilft nichts: »Es war ganz untypisch«, schreibt Alfred Brendel, »daß ich nach meinem sechzehnten Altersjahr keinen akademischen Unterricht mehr hatte. ... Ich brachte mir die Technik weitgehend selbst bei, und ich habe auch nach den allerersten Jahren nie Technik für sich geübt, sondern immer nur an den Stücken gelernt.«

Wir sind nun schon in Wien, wo Alfred Brendel bis zu seiner Übersiedlung nach London 1971 gelebt hat. Mag sein, daß seine anderen künstlerischen Interessen den fehlenden Lehrer ersetzt haben, seine ausschweifende Lektüre von Robert Musil zum Beispiel, von Hermann Broch und Fritz Mauthner, aber auch seine bildkünstlerischen Arbeiten, seine bis heute unstillbare Lust auf Architektur und auf Malerei. Da er an keiner Kirche, die von außen so aussieht, als sei innen etwas zu sehen, vorbeigeht, könnte man ihn fälschlicherweise für einen frommen Menschen halten. Aber weit gefehlt. Er ist weder fromm, noch »frömmelt« er. Und es mag ihm sein agnostisches Denken geholfen haben, ohne höhere Wahrheitsinstanzen seinen Weg zu finden: Er ist, um es mit Max Weber zu sagen, religiös unmusikalisch. Alle Aussagen über Musik, die großspurig von ihrer Wahrheit sprechen, kommen sehr bald in den Geruch der Verlogenheit. Und der Anspruch, die einzige Wahrheit zu kennen, führt auch in der Musik in die Ideologie. »In der Kunst geht es ja nicht um Wahrheit, sondern um Expression«, knurrt der alte Gottfried Benn in *Altern als Problem für Künstler.* Alfred Brendels Agnostizismus, sein weitgefächertes Programm des Selbstdenkens, hat ihn früh für Ironie empfänglich gemacht, die ja noch immer, neben der heiligen Kunst, ein Weg ist, sich der Kontingenz des Alltags zu erwehren. Hier liegt auch der Ursprung seiner späten Produktion von grotesken Gedichten, mit denen er uns seit einigen Jahren überrascht. Sie sind, wie er sagt, ohne jede Vorwarnung über ihn gekommen, während eines Fluges nach Japan, was ja schon komisch genug klingt. Aber sie haben gleichsam seit seiner Jugend in ihm geschlummert. In seinen Gesprächen mit Martin Meyer erinnert sich Alfred Brendel an einen früh gesehenen Film, der etwas mit dem »Weißen Rößl« zu tun hatte: »Es gab eine Szene, die mir in Erinnerung geblieben ist, weil sie über das Operettenhafte hinausging. In das Hotel kam ein neuer Gast und trug sich ins Register ein. Er sagte auf die Frage, welches sein Beruf sei: Lachforscher. Die Frau notierte: Lachsforscher; er korrigierte. Dann wurde sein Gepäck ins Zimmer gebracht, worauf der Hoteldiener und das Zimmermädchen im Zimmer zu schäkern begannen. Da sich unter seinen Gepäckstükken auch ein Grammophon befand, dachten sie, wir tanzen ein bißchen, legten eine Platte auf und begannen sich im voraus zu wiegen. Da erscholl vom Plattenspieler ein diabolisches Gelächter, und die beiden ergriffen die Flucht. Eine geniale Idee.«

Mehr als sechzig Jahre später wird Alfred Brendel in einem seiner Gedichte dem Lachforscher eine Physiognomie und eine genaue Beschreibung seiner wissenschaftlichen Tätigkeit geben:

Am Ende eines harten Arbeitstages
gönnte sich der Lachforscher einen Cognac
Endlich war der Coup gelungen
die Videoaufzeichnung einer Kongregation
welche
von ihrem Prediger ermutigt
in Lachkrämpfe ausbrach
sich in Lachorgien
auf den Kirchenfliesen wand
schönster Beweis dafür
daß Gott ein Humorist sei
und Lachen gesund
Fast
hätte es ihn selber erwischt
Wie gerne hätte er mitgelacht
doch hielt ihn sein Berufsethos in Schach
Lachforscher lachen nicht
Die Anstrengung

saß ihm immer noch in den Gliedern
Nun aber
im Frieden seiner vier Wände
drängte es ihn
den Videofilm ungestört abzuspulen
Vorsorglich
legte er sich bereits auf den Teppich
damit er nicht auf den Hinterkopf fiel
wenn das Lachen ihn
quietschend vielleicht
oder mit spitzen Schreien
übermannen würde
wie ein verborgenes Laster

Zwischen dem ersten und diesem vorläufig letzten Lachforscher liegt die Arbeit an den Partituren, an der Schreibmaschine und am Klavier, für die Alfred Brendel hier ausgezeichnet werden soll.

Wir haben nicht die Zeit, noch bin ich wirklich dazu berufen, dieses in seinen Ausmaßen beeindruckende, aber wegen seiner Transparenz nie einschüchternde Werk angemessen zu würdigen. Vor allem aber haben wir nicht die Möglichkeit, anhand von Musikbeispielen die Veränderungen des Spiels zum Beispiel der beiden Aufnahmen von Beethovens sämtlichen Klaviersonaten zu würdigen. Es ist also keine Drückebergerei, wenn ich sage, daß Alfred Brendels Werk für sich selber spricht, und die Zuhörer, das Publikum wie die Kritiker, haben längst fast einmütig darüber abgestimmt. »Das Mysterium der Musik ist nicht das Unsagbare, sondern das Unaussprechliche«, heißt es bei Vladimir Jankélévitch. Daran will und muß ich mich halten.

Deshalb nur noch eine Bemerkung, die sich auf das

Repertoire bezieht. Alfred Brendel hat sich, wie wir wissen, in seiner Arbeit der letzten Jahre in der Hauptsache auf einige große Komponisten konzentriert: auf Beethoven, Mozart, Schubert, Haydn und Liszt. Unabhängig davon, daß dies genug für viele Leben wäre, fragt man sich natürlich, warum es ihn nicht gereizt hat, über Busoni, Schönberg und Berg hinaus, die er früher gespielt hat, das zwanzigste Jahrhundert zu bearbeiten, sein Jahrhundert, zu dessen Glanz und nicht enden wollenden Elend er sich stets emphatisch bekannt hat und dessen Komponisten und Kompositionen, bis hin zu Ligeti und Kurtag und den Jüngeren, er kennt. Die Antwort kann natürlich nur er selber geben. Wir dagegen können nur dankbar dafür sein, daß sich seine erspielte Forschungsarbeit, sein Spiel als Expedition, auf die immer neue Erarbeitung der Klassiker konzentriert hat. Wir leben in einer narzißtischen Epoche, die ihre Geschichte um der Gegenwart willen gern verdrängt. Alle Musealisierung kann nicht darüber hinwegtäuschen, daß wir unsere klassische Kunst zwar irgendwie noch haben, aber nicht mehr besitzen. Was gestern noch toll war, ist heute schon veraltet, vergessen. Aber wenn Kunst in dieser Welt noch einen auch nur halbwegs verbindlichen Sinn haben soll, dann nur dann, wenn ihre Fundamente bekannt sind. Dabei hat die klassische Klaviermusik, anders als viele andere Künste, noch Glück: Sie läßt sich nur schwer mit Modernisierungskonzepten, sondern allenfalls durch schlechtes Spiel zerstören. Man kann sie nicht auf dem Kamm blasen. Sie läßt sich nur auf dem Klavier, auf dem Podium oder im Studio, realisieren: im Zusammenspiel des Werks, des interpretierenden Neuschöpfers und des auf die Musik reagierenden Hörers. Für die Musik gilt, was für unsere gesamte Kultur Geltung hat: Sie muß, durch Wiederholung ihrer besten Stücke, ein Teil unseres Gedächtnisses bleiben. Das hat nichts mit dem gereizten Gespenst der Werktreue zu tun, mit der verstaubten Vorstellung, Hamlet solle gefälligst in dänischen Stulpenstiefeln über die Bühne schlurfen. Es hat ausschließlich damit zu tun, daß nur die Kenntnis dieser Musik die neue Musik verständlich macht. Als Alfred Brendel damit begann, sich immer intensiver mit Haydn zu beschäftigen, ging vielen ein Licht oder besser ein Ohr auf: Das ist auch unsere Musik, und Alfred Brendel hat sie für uns in unser kulturelles Gedächtnis gespielt. Ich möchte Ihnen, statt viele Worte zu machen, ein kleines Gedicht von Tomas Tranströmer vorlesen, das besser und genauer sagt, was ich meine:

Allegro

Ich spiele Haydn nach einem schwarzen Tag
Und spüre eine einfache Wärme in den Händen.

Die Tasten wollen. Milde Hämmer schlagen.
Der Klang ist grün, lebhaft und still.

Der Klang sagt, daß es die Freiheit gibt
Und daß jemand dem Kaiser keine Steuer zahlt.

Ich schiebe die Hände in meine Haydntaschen
Und ahme einen nach, der die Welt gelassen
*   betrachtet.*

Ich hisse die Haydnflagge – das bedeutet:
» Wir ergeben uns nicht. Sondern wollen Frieden. «

Die Musik ist ein Glashaus am Hang,
wo die Steine fliegen, die Steine rollen.

Und die Steine rollen quer hindurch,
doch jede Fensterscheibe bleibt ganz.

(Aus dem Schwedischen von Hanns Grössel)

Lieber Alfred – eine Laudatio ist gemeinhin dazu da, ausschließlich die guten Seiten des Ausgezeichneten ins rechte Licht zu rücken, sie ist nichts für professionelle Apokalyptiker. Du hast überwältigend viele gute Seiten und warst immer generös genug, sie mit anderen zu teilen. Wir haben dir zu danken, ich habe dir zu danken. Aber du hast natürlich auch mit Mängeln kämpfen müssen: »In unserer Welt fehlt so vieles, daß eigentlich für einen weiteren Mangel kein Raum wäre«. Und dennoch gibt es sie, mit diesem Paradox müssen wir uns herumschlagen. Du kannst, um einen nicht besonders schwerwiegenden Mangel zu nennen, nicht einmal Auto fahren. Du hast zum Beispiel nie Reger gespielt und behauptest: »Ich persönlich würde, vor die Wahl gestellt, ob ich lieber das Klavierkonzert von Reger spielen oder sterben würde, lieber sterben.« Hoffentlich wirst du, einmal vor diese Wahl gestellt, doch lieber Reger spielen. Wir brauchen dich ja auch noch für alle Nicht-Regers. Und du hast, was man deinem Spiel gottseidank nie angehört hat, fünfzig Jahre arbeiten müssen, ohne mit dem Siemens-Musikpreis ausgezeichnet zu werden. Den erhältst du jetzt!
Herzlichen Glückwunsch.

Das letzte Buch

Über W. G. Sebald

Bis gestern, als Manuskripte noch mit zwei bis zehn Fingern getippt wurden und man handschriftlich verfolgen konnte, wie ein Autor Zusätze, Verbesserungen, Streichungen *in letzter Minute* vorgenommen hatte, um einer drohenden Niederlage bei Kritikern und Lesern auszuweichen, bis gestern noch war der Erhalt eines Manuskripts ein Ereignis. Man war der plötzlich und oft unerwartet Eingeladene zu einem Fest. Man ließ die dringendsten Arbeiten liegen, setzte sich ordentlich hin und begann mit der Lektüre. Man war der erste Leser – oder bildete es sich wenigstens ein. Unerforschtes Gelände, nie betretenes Gebiet. Alte Wörter, die plötzlich wie neu aufstrahlten, Satzkonstruktionen von unerhörter Gewagtheit. Und in Schlaufen die oft schwer zu entziffernden Änderungen: Die zunächst nur dahinziehenden Wolken erhielten ein zartgetöntes Unterfutter, dem zunächst nur arglos schauenden Menschen wurden zwei brennende Augen eingesetzt, die nun ganz besonders genau schauten. Manuskripte sind die intimsten »Herzschriften« einer vollgeschriebenen Welt – und es ist ein Jammer für die, die sie in ihrer tastenden Unsicherheit noch empfangen durften, daß heute der Computer ein perfektes Endprodukt liefert, das Vollkommenheit suggeriert. Der auf den Umbruch geschriebene Computerausdruck nimmt (unbeholfen und angeberisch zugleich) vorweg, was eigentlich erst das fertige Buch liefern kann: »ein sehr wertvolles und sehr bedrohliches Urteil«, wie Valéry die Verwandlung eines Manuskripts in die »bestimmtere und festere«, »unerbittlich makellose Stimme« des Drucks beschrieben hat.

Die Manuskripte von W. G. Sebald waren noch von der alten Art, ihr Eintreffen mit der Post war stets ein Fest. Man las mit aufgerissenen Augen, man öffnete gewissermaßen Zeile für Zeile die lange nicht benutzte, in den Angeln knarrende Tür, hinter der die Schrecken der Kindheit lagen, von denen dieses Buch in seiner leise dahinfließenden rhythmischen Sprache spricht. Sebalds Sprache *zwingt* zu einem langsamen Lesen. Wer diesem sanften Zwang zuwiderlesen will, wird am Ende nicht wissen, was er gelesen hat. Obwohl dieser Schriftsteller, anders als der von ihm bewunderte Thomas Bernhard, immer – und besonders in »Austerlitz« – einen manifesten politischen Inhalt verhandelt, behält die sprachliche Textur, das Gewebe, seinen reinen, literarischen, ganz den Ausdrucksmodalitäten der Sprache verpflichtenden Klang. Dieses Wunder gibt es nur selten in der entweder moralisch grundierten – oder eben rein politisch argumentierenden deutschen Literatur der Nachkriegszeit. Bei Sebald ging es in allen seinen Büchern auf.

Wir waren auch gar nicht erstaunt, daß er die genauesten Vorstellungen von Schriftbild und Typographie entwickelte, denn nicht nur *mußte* die unruhige Geschichte des Jacques Austerlitz langsam gelesen werden, das Auge sollte auch nicht durch die Anordnung der Zeilen, durch einen zu breiten Satzspiegel oder durch eine aufdringliche Schrift irritiert werden. Siebenundzwanzig Zeilen auf der Seite, auf keinen Fall mehr, der Durchschuß sollte *sichtbar* sein, das heißt eine helle Entsprechung bilden zu den oftmals langen, aber nie atemlosen, vielmehr genau durchgearbeiteten Sätzen. Tatsächlich wurde mit (unserem inzwischen verstorbenen Hersteller und Buchkünstler) Claus Seitz in langen Sitzungen eine Form gefunden, die am Ende alle überzeugte: Selbst eine ohne jeden Absatz unterbrochene Doppelseite war so gestaltet, daß das Auge entspannt den todtraurigen Erzählungen von Austerlitz, wie der Erzähler sie berichtet, folgen konnte.

Hinzu kamen die Bilder, auf die Max den allergrößten Wert legte, auch wenn sie manchmal auf den ersten Blick ihr Geheimnis nicht preisgeben wollten. Wer erwartet zum Beispiel, wenn er den Umschlag des Buches mit der Photographie eines in das Faschingskostüm eines Pagen gekleideten Jungen anschaut, die für die Opfer grauenhaft *lange* Geschichte des 20. Jahrhunderts? Eine Geschichte, in der vieles möglich war und möglich wurde, die aber, wenn alle Möglichkeiten erzählt sind, unweigerlich in Theresienstadt (oder Auschwitz) endet: Sebalds negative Geschichtsphilosophie ist eine schwarze Wand, vor der sich jedes Glücksversprechen wie ein Irrlicht ausnimmt. Diese Bilder (Photos, Karten, Briefmarken, Ausrisse), ihrerseits objektive Belege der Schmerzensspur, die der Kindertransport auf der Physiognomie des deutschen Unrechts hinterlassen hat, oder subjektive Zeugnisse für die staatlich ausgelöschte, unter anderem Namen wieder auferstandene Existenz des Jacques Austerlitz, sollen ja eine eigene Geschichte erzählen, eine Bildergeschichte, die *unter* dem Text verborgen ist und plötzlich auftaucht, verschwindet und wieder auftaucht, um die Bilder, die das Lesen des Textes evoziert, zu imitieren, zu ergänzen, zu stören, ohne »*das Bild*« des Buches zu zerstören. Wer, wie Austerlitz, alles verloren hat (Elternhaus, Sprache, Identität, Heimat, Sicherheit), nur nicht das »Leben«, tastet sich anhand von Bildern in seine Kindheit zurück, und der Leser kann gar nicht anders, als sich diesem schmerzhaften Zurückgehen (das eben nicht die Zeit wiederfindet, sondern nur das Photo eines Menschen aus jener Zeit, der man war oder nicht war) anzuschließen, um über London, Paris, Antwerpen und Prag im Lager einzutreffen. Weil die Bilder (»Abbildungen«, wie es in der Bibliographie normalerweise, aber nicht in *Austerlitz*, heißt) Teil einer Erzählung sind, tragen sie keine Unterschriften, sie »stehen« ganz einfach auf der Seite wie Textverdichtungen, dunkle Inseln.

»Was in der Vergangenheit liegt, liegt alles in der gleichen Entfernung zu unserer Existenz heute« – man kann sagen, daß W. G. Sebalds Buch *Austerlitz* in der Form, wie es gedruckt vorliegt, dieser Vorstellung wenigstens symbolisch entspricht.

2

Wenn ein Schriftsteller »vor der Zeit«, also nach unserer in dieser Hinsicht vollkommen irrelevanten Meinung »zu früh« stirbt, dann bilden sich schnell Legenden. Um so mehr, als Max Sebald, wie ihn seine Freunde nannten, aus dem Allgäu gebürtig, den *längsten* Teil seines Lebens im Ausland, die letzten dreißig

Jahre in England gelebt hat. Die Ferne begünstigt das Gerücht. Dennoch läßt sich *Austerlitz* (ohne Genrebezeichnung, aber vor allem: kein Roman) tatsächlich als ein letztes Buch lesen: Es bündelt die Schreibmotive, die politischen Anschauungen, den stilistischen Ehrgeiz seines Autors. Und es spricht manchmal so leise von den Qualen, die Austerlitz erdulden mußte, daß man beim Lesen Angst hat, die Stimme könnte verstummen. Aber der Tod von Max Sebald im Dezember 2001 war ein Unfall! Es war ein ungerechter, widerlicher Zufall, daß ausgerechnet Max mit seinem Auto gegen ein anderes Auto knallte und starb. Er war ein begnadeter Melancholiker (also einer, der die Welt sieht, wie sie ist), aber das Gegenteil von einem Selbstmörder. Scham hätte diesen genauen Leser von Jean Améry davon abgehalten, durch einen Freitod mit jenem vergleichbar zu werden. Nein, er hätte, wenn dieses Auto und sein angeknacktes Herz nicht gewesen wären, noch weitere Bücher geschrieben, er hätte sie, mit genauesten typographischen Vorstellungen, an den Verlag geschickt, und wir hätten eine Form entwickelt, die seinen Ansprüchen genügt hätte. Er war der einzige »Heimatschriftsteller«, der diesen hohen Titel verdient hat. Nur in der Heimat, zu Hause (in der Literatur), spricht man mit den Toten in einer geziemenden Weise. Wenn jemand die Toten verstand und von den Toten verstanden wurde, dann war es Max Sebald.

3

Aber *Austerlitz* bleibt sein letztes Buch, daran wird man immer, wenn man es in die Hand nimmt, denken müssen.

Dennoch fliegen die Vögel

Über Cees Nooteboom und Remco Campert

»Sie sind sehr ungerecht, lieber Freund, und sehr par-
theyisch für Ihre eigne Landsleute, wenn Sie glauben,
daß die niederländische Dichtkunst ganz und gar
schlecht sey, daß dort noch kein Sänger aufgestanden
sey, der sich einen Kranz, aus Blumen mehrerer Länder
gewunden, errungen habe! [...] Ich gebe Ihnen zu, daß
vor 50 Jahren ein Mann von Geschmack kaum einige
niederländische Gedichte fand, die ihn anziehen konnten: aber auch wir Deutsche hatten vor und unter
Gottsched wenig tröstliches aufzuweisen. [...] Aber
freylich muß ich Ihnen eben so gut zugestehen; [sic]
daß wir binnen kurzer Zeit uns höher gehoben haben; daß wir in unsrem goldnen Alter stehen [...] Zu-
gegeben ferner, daß wir ihnen jetzt Lehren des Gesangs
verschreiben; daß ihre besten Köpfe in der That die
Gesetze unserer Dichter heilig halten, und durch ihre
Befolgung die Bahn brechen; aber alles dies zugege-
ben, will ich Ihnen dennoch beweisen, daß sich einige
Niederländer schon jetzt in der Dichtkunst sehr gehoben haben. Nur müssen Sie kein großes Register verlangen!«

Dieser Brief von Carl Lang wurde 1789 geschrieben,
vor 220 Jahren: In Frankreich begann die Revolution,
Schiller schrieb seine Jenenser Antrittsvorlesung über

die Universalgeschichte und Trostwijk und Deimann gelang die Zerlegung des Wassers in Wasserstoff und Sauerstoff. Und einige Niederländer haben sich, wenn wir Carl Lang glauben dürfen, in der Dichtkunst sehr gehoben. Wenn man bedenkt, daß die Romantiker, die Brüder Grimm und Hofmann von Fallersleben und viele andere vierzig Jahre später wieder ganz anders dachten und den Niederländern empfahlen, sich doch ordentlich deutsch auszudrücken, dann ist dieses späte Echo der Aufklärung, wie es in dem Brief von Lang zum Ausdruck kommt, gar nicht hoch genug einzuschätzen. Denn die Entwicklung seither hat diesem Propheten recht gegeben, und weil er recht hatte, haben Sie, liebe Zuhörer, heute das seltene Glück, an einem Gipfeltreffen der holländischen Poesie teilzunehmen.

Ich begrüße recht herzlich die beiden Dichter Remco Campert und Cees Nooteboom, die uns heute aus ihrem poetischen Briefwechsel vorlesen werden.

Die Deutschen selber haben die großdeutsch träumenden Romantiker ins Unrecht gesetzt, denn heute gehört die niederländische Literatur zu der am meisten übersetzten und am sorgfältigsten gelesenen europäischen Literatur in Deutschland. Daß in einer prosaischen Welt auch die Poesie nicht zu kurz kommt, spricht für das poetische Bewußtsein eines kleinen Kreises von Übersetzern, Lektoren und Lesern, die trotz der aussichtslosen Situation an dieser Urform der Literatur festhalten, weil sie offenbar davon überzeugt sind. Zu ihnen gehört auch der Verleger Josef Kleinheinrich und der Übersetzer Ard Posthuma, die für das Buch verantwortlich sind, das den poetischen Briefwechsel unserer heutigen Gäste trägt. Eine gute Gelegenheit, Josef Kleinheinrich, der die schönsten und riskantesten Bücher europäischer Poesie verlegt, herzlich zu loben. Zu danken ist ihm wohl am besten, wenn man einige Bücher aus seinem Verlag kauft: Ich kann Ihnen, als Fachmann, versichern, daß deren Wert steigt: So werden auch Ihre Enkel, wenn sie dereinst diese Bücher bei eBay versteigern, immer gut von Ihnen denken.

In dieser Gegend Deutschlands, in Münster, ist man mit der holländischen Poesie vertrauter als anderswo: Hier hat der Flame Hugo Claus den Poesie-Preis erhalten, und viele andere sind hier aufgetreten. Ich kann mich also auf ein paar Anmerkungen beschränken.

Remco Campert ist in Den Haag geboren, in dem Jahr, das offenkundig unter einer günstigen Sternenkonstellation der Imagination förderlich war: 1929, in dem Jahr, in dem Thomas Mann der Nobelpreis zugesprochen wurde. Kundera und George Steiner, Enzensberger und Rühmkorf, Habermas und Heiner Müller und Remco Campert – überall in Europa wurden Dichter und Denker geboren, die zehn Jahre später, noch als Kinder, den Ausbruch des Krieges miterleben mußten und die wieder zehn Jahre später, aus der Schule des Krieges und dem Gymnasium entlassen, die europäische Nachkriegsliteratur zu schreiben begannen. »Es wird Zeit, daß wir uns zu Wort melden, / eine Stimme quer durch den Trümmerstaub«, schrieb damals der junge Remco Campert, der mit einigen anderen Dichtern, Malern und Musikern zu der »Bewegung der Fünfziger« gehörte, der einflußreichen künstlerischen Avantgarde der holländischen Nachkriegszeit. Es war ein Kampf gegen die Idylle – und die Wiederentdeckung der eigenen Tradition, für die das

Werk von Paul von Ostaijen und Théo von Doesburg genannt sei. Die unerhörte eruptive Kraft, mit der diese Gruppe den Kulturbetrieb aufmischte und durcheinanderwirbelte, hat sich bis heute in der Erinnerung gehalten, auch wenn das malerische Werk der »Cobra«-Künstler längst unbezahlbar geworden ist. Constant, Appel und Lucebert, Schierbeek, Kouewenaar und Campert waren einige der Helden dieser explosiven Mischung aus Dada und Surrealismus, Free Jazz und Happening, und *Atonaal*, 1951 erschienen, hieß das erste anthologische Manifest. Das war keine Gruppe 47, sondern eher so etwas wie die »Wiener Gruppe« um Artmann, Rühm und Achleitner. 1951 erschien auch Remcos erster Band *Vogels vliegen toch* (*Dennoch fliegen die Vögel*).

Aber auch der provozierendste Künstler, der sein »échappée le bourgeois« fröhlich-verletzend dem Bürger vor den Latz knallt, kann sich den Heimsuchungen der Melancholie nicht entziehen. Das hat nicht nur etwas mit Reife und Älterwerden zu tun, sondern auch mit Disposition. Wenn der Weg durch den Trümmerstaub gegangen ist, kommt man zu sich selber und wird mit einem Selbst konfrontiert, dessen Abgründe nicht mehr mit revolutionären Gesten zu verdecken sind. Der Kummer ist älter als die Revolution. Campert hat ein umfangreiches, schönes, oft mit der Stille und der Melancholie paktierendes Werk geschaffen, und ich habe die große Freude, Ihnen auch eine neue Prosa-Übersetzung anzukündigen: Demnächst erscheint sein Roman *Eine Liebe in Paris*.

Cees Nooteboom ist drei Tage und vier Jahre nach Remco ebenfalls in Den Haag zur Welt gekommen, beide sind Juli-Kinder.

Wenn wir normalerweise an Cees Nooteboom denken, dann denken wir zuerst an den Geschichtenerzähler, an den Autor der Romane *Rituale* oder *In den niederländischen Bergen* oder an die wunderbare Liebesgeschichte *Mokusei*, an das Buch, mit dem er in Deutschland berühmt geworden ist, *Die folgende Geschichte*, oder die späteren Romane, die so viel mit unserer Gegenwart zu tun haben und doch diese Gegenwart so distanziert betrachten. Das Spiel von Nähe und Ferne, von Träumerei und sehr bedrängender Realität, von philosophischer Spekulation und sehr konkreter Beschreibung, dieses eigentümliche, oft mit Melancholie eingefärbte oder durchtränkte Amalgam hat die Literatur von Cees Nooteboom so besonders gemacht. Er ist nie sentimental, versteht aber was von Gefühlen, er ist hochgebildet und weigert sich, dies zu verstecken, er ist neugierig, was seine Personen treiben, aber nie voyeuristisch. All das zusammen genommen macht diesen Autor aus, der viele Jahre lang fast mehr zur deutschen Literatur gehörte als zur holländischen, und erst seit er im letzten Jahr den Großen Niederländischen Literaturpreis erhielt, haben seine freundlichen Mitmenschen zur Kenntnis genommen, was sie an ihm haben.

Nur wenige denken, wenn sie an Cees Nooteboom denken, an den Dichter. Dabei gibt es mittlerweile einige Gedichtbände in deutscher Sprache, die Gedichte enthalten, die man zu den schönsten unserer Zeit rechnen kann. Der Sammelband *Gedichte* und der Band mit neuen Gedichten *So könnte es sein*, die bei Suhrkamp erschienen sind, und dazu einige wunderbar gestaltete Bände bei Kleinheinrich. Cees Nooteboom ist auch in seinen Gedichten ein Reisender, aber er ist alles andere als ein Exotist. Er will uns nicht erschrecken mit seinen hoch reflektierten Beobachtungen, sondern er benutzt die komprimierte Form des Gedichts, um den geheimen Sinn seiner Weltenreise mitzuteilen. Und Weltenreise heißt bei ihm immer auch Zeitreise. So stehen sich die Jahrhunderte und die Kontinente gegenüber, so versuchen sie Echos auszusenden und Botschaften aufzufangen, die in den Reiseberichten selber keinen Platz haben, wo der Kulturanthropologe am Werk ist. Denn es stimmt natürlich nicht, was in allen Büchern von Nooteboom lapidar vermerkt wird, er lebe in Amsterdam und auf Menorca, die Wahrheit ist vielmehr, daß er genauso gut in der Literatur und in den Bildern, in der Philosophie und in der Psyche zu Hause ist. Bei einem, der so viel gesehen hat und immer noch sieht, nimmt es nicht wunder, daß er zur Melancholie neigt. Die verschwundenen Völker rächen sich, die ausgestorbenen Sprachen drängen an die Oberfläche, das Vergessene macht sich heftig bemerkbar. Der Melancholiker sieht das alles, aber er weiß, daß die Realität eine andere, festere, gebieterischere Sprache spricht. Dieses Schisma ist in all seinen Gedichten zu spüren, es prägt ihren Ton. Aber es ist, trotz aller Vanitas-Motive, die immer wieder auftauchen, auch ein Gefühl der Dankbarkeit zu spüren, nämlich dafür, daß es all dies, auch wenn es verschwunden ist oder sich zum Verschwinden bereit macht und nur noch in Umrissen sichtbar ist, einmal gab. Diese Dankbarkeit ist dafür verantwortlich, daß dieser Dichter nicht zum Zyniker wurde. Der Zyniker sieht alles fallen, und auch der Besessene kennt Dankbarkeit nicht. Aber der Reisende, der die Welt sieht und nicht genug von ihr kriegen kann, muß dankbar bleiben.

Bei Canetti fand ich kürzlich den Eintrag: »Die trostlosen Einleitungen zu Meisterwerken, abschreckend, dürr, erhaben oder unverschämt. O warum ist man neugierig! Warum muß ein Dichter geboren sein und warum gestorben! Genügt es nicht, daß er einen Namen trägt, und ist ihm nicht dieser schon schwer genug? Aber die Leute kennen kein Erbarmen. Sie müssen ihren Dichter kochen, würzen und essen.«

Das alles wollen wir nicht, wir wollen nichts anderes, als Remco und Cees zuzuhören.

»Und Schiller kam –
und Deutschland war geeinigt«

Zum Schiller-Jahr

1.

Berlin, im Mai

In einer mehrfach von starkem Beifall unterbrochenen Rede vor dem Deutschen Bundestag hat der parteilose Abgeordnete Friedrich Schiller (Ludwigsburg) die geschichtsphilosophischen Perspektiven erläutert, die er für die Zukunft der deutschen Politik für unabdingbar hält. Sein Plädoyer für eine neue Universalgeschichte, das er unter dem Titel »Freiheit und Vernunft« vortrug, wolle er auch als Antidot gegen den zynischen postmodernen Umgang mit ihr verstanden wissen. Weil wir der Geschichte nicht entkommen können, brauchen wir eine utopische Perspektive. Eine Zeit, so Schiller, die nur eine persönliche, auf den eigenen Lebenshorizont zugeschnittene Perspektive kennt, nicht aber eine gesellschaftliche; eine Zeit, die nur auf den eigenen Vorteil bedacht ist, nicht aber die Entwicklung des Ganzen im Auge behält – eine solche Zeit wird sich immer *gegen* ihre Zeitgenossen wenden. »Die Schranken sind durchbrochen«, sagte Schiller, »welche Staaten und Nationen in feindseligem Egoismus absonderten. Alle denkenden Köpfe verknüpft jetzt ein weltbürgerliches Band … Die europäische Staatengesellschaft scheint in eine große Familie verwandelt. Die Hausgenossen können einander anfeinden, aber hoffentlich nicht mehr zerfleischen.« Man muß genau hinhören: Nur *scheinbar* sind wir, laut Schiller, in eine große Familie verwandelt. Und er gibt seiner Hoffnung Ausdruck, daß es in der Zukunft nur bei den üblichen Anfeindungen bleibt, aber nicht mehr wie in der Vergangenheit zu Zerfleischungen kommt. Schiller bleibt trotz aller Emphase und trotz seiner strahlenden Vision eines Weltbürgertums ein Skeptiker. Ohne Skepsis kein Optimismus. Ohne Optimismus keine Politik. Überdies sei, so Schiller, der jetzt erreichte Stand der europäischen Einigung nur eine erste Stufe auf dem Weg zu einer umfassenderen Einigung, die sich weit über das Politische erheben müsse. Politik müsse in erster Linie wieder Kulturpolitik werden. Den Anhängern einer Theorie vom Ende der Geschichte, die im Erreichten bereits das Maximum des Erreichbaren sähen, stellte er seine Idee eines permanenten Entwicklungsprozesses entgegen, der – trotz aller Rückschläge – tendenziell unabschließbar sei. Natürlich ist auch der Abgeordnete Schiller nicht so naiv zu glauben, daß heute bereits alle »barbarischen Überreste aus dem vorigen Jahrhundert« in unserer Zeit beseitigt seien, daß es vielmehr darauf ankomme, diese »Geburten des Zufalls und der Gewalt« aus dem »anbrechenden Zeitalter der Vernunft« zu vertreiben. »Lebe mit dem Jahrhundert, aber sei nicht sein Geschöpf«, ruft Schiller den Abgeordneten zu, »leiste deinen Zeitgenossen, aber was sie bedürfen, nicht was sie loben!«

Besondere Beachtung fand Schillers Attacke gegen die immer stärker um sich greifende Spezialisierung. Einige der Kulturpolitiker schüttelten denn auch bedenklich den Kopf. Ein Teil unserer modernen Unfreiheit verdanken wir seiner Meinung nach dem Umstand, daß wir unser beschränktes Wissen nur noch verwalten, aber keine höherstufige Idee mehr damit verbinden. Eine Wissensgesellschaft, die Wissen zwar bereitstellt, aber nicht anwendet, ist für die Zukunft verloren. Wir brauchen – und zwar an *allen* Fakultäten, wie der Abgeordnete betonte – einen neuen philosophischen Geist. Nachdrücklich setzte er sich für interdisziplinäre Studiengänge ein, die er gegen eine ausschließliche Spezialistenausbildung stellte. Hierbei bezog er sich häufig auf den wohl ironisch gemeinten *Brotgelehrten*, den er für einen Ausbund an Halbbildung und falschem wissenschaftlichem Ehrgeiz hält. »Wo der Brotgelehrte trennt, vereinigt der philosophische Geist. Früh hat er sich überzeugt, daß im Gebiete des Verstandes, wie der Sinnenwelt, alles ineinander greife, und sein reger Trieb nach Übereinstimmung kann sich mit Bruchstücken nicht begnügen. Alle seine Bestrebungen sind auf Vollendung seines Wissens gerichtet; seine edle Ungeduld kann nicht ruhen bis alle seine Begriffe zu einem harmonischen Ganzen sich geordnet haben, bis er im Mittelpunkt seiner Kunst, seiner Wissenschaft steht und von hier aus ihr Gebiet mit befriedigtem Blick überschauet. Neue Entdeckungen im Kreise seiner Tätigkeit, die den *Brotgelehrten* niederschlagen, entzücken den philosophischen Geist. Vielleicht füllen sie eine Lücke, die das werdende Ganze seiner Begriffe noch verunstaltet hatte, oder setzen den letzten noch fehlenden Stein an sein Ideengebäude, der es vollendet. Sollten sie es aber auch zertrümmern, sollte eine neue Gedankenreihe, eine neue Naturerscheinung, ein neu entdecktes Gesetz in der

Körperwelt den ganzen Bau seiner Wissenschaft umstürzen: so hat er *die Wahrheit immer mehr geliebt als sein System*, und gerne wird er die alte mangelhafte Form mit einer neuern und schönern vertauschen. Ja, wenn kein Streich von außen sein Ideengebäude erschüttert, so ist er selbst, von einem ewig wirksamen Trieb nach Verbesserung gezwungen, er selbst ist der erste, der es unbefriedigt auseinanderlegt, um es vollkommener wiederherzustellen. Durch immer neue und immer schönere Gedankenformen schreitet der philosophische Geist zu höherer Vortrefflichkeit fort, wenn der Brotgelehrte in ewigem Geistesstillstand das unfruchtbare Einerlei seiner Schulbegriffe hütet.«

Von in- wie ausländischen Kommentatoren wurde besonders die starke rhetorische Qualität der Rede des Ludwigsburger Abgeordneten hervorgehoben, das im Parlament in den vergangenen Jahren nicht mehr erlebte sprachliche Feuer, das die höchsten theoretischen Ansprüche mit sehr praxisnahen Vorstellungen ihrer Umsetzung in eine inspirierende Form goß. Politiker seien dazu verpflichtet, zukunftsoffen zu sein, und wer sich davor drücke, die Zukunft zu interpretieren, habe im Parlament nichts verloren.

Es wird sich zeigen, ob die – gemessen an der pragmatisch abgestimmten Arbeitsweise des Parlaments – utopischen Ausführungen Schillers – der im (angemeldeten) Nebenberuf flammende Theaterstücke meist politischen Inhalts schreibt – für die politische Arbeit taugen. Das von ihm bemühte alte Bild der Kette jedenfalls, die sich durch die Jahrhunderte des Menschen zieht und an deren Ende wir stehen, um sie in die Hände der nächsten Generation zu legen, hatte nichts von seiner Überzeugungskraft verloren. Ob auch die mit dem Bild der Kette verbundene »Verbesserung« des Menschengeschlechts von Generation zu Generation fortschreitet, müssen wir dem Urteil der Nachgeborenen, die sich im Zeitalter der Globalisierung mehr und mehr an »Brüchen« orientieren, überlassen.

Wir zitieren den Schluß seiner Rede: »Unser *menschliches* Jahrhundert herbeizuführen, haben sich – ohne es zu wissen oder zu erzielen – alle vorhergehenden Zeitalter angestrengt. Unser sind alle Schätze, welche Fleiß und Genie, Vernunft und Erfahrung im langen Alter der Welt endlich heimgebracht haben. Aus der Geschichte erst werden *Sie* lernen, einen Wert auf die Güter zu legen, denen Gewohnheit und unangefochtener Besitz so gern unsre Dankbarkeit rauben: kostbare teure Güter, an denen das Blut der Besten und Edelsten klebt, die durch die schwere Arbeit so vieler Generationen haben errungen werden müssen! Und welcher unter Ihnen, bei dem sich ein heller Geist mit einem empfindenden Herzen gattet, könnte dieser hohen Verpflichtung eingedenk sein, ohne daß sich ein stiller Wunsch in ihm regte, an das *kommende* Geschlecht die Schuld zu entrichten, die er dem vergangenen nicht mehr abtragen kann? Ein edles Verlangen muß in uns entglühen, zu dem reichen Vermächtnis von Wahrheit, Sittlichkeit und Freiheit, das wir von der Vorwelt überkamen und reich vermehrt an die Folgewelt wieder abgeben müssen, auch aus *unsern* Mitteln einen Beitrag zu legen und an dieser unvergänglichen Kette, die durch alle Menschengeschlechter sich windet, unser fliehendes Dasein zu befestigen. Wie verschieden die Bestimmung auch sei, die in der bürgerlichen Gesellschaft Sie erwartet – etwas dazusteuern können Sie alle! Jedem Verdienst ist eine Bahn zur Unsterblichkeit aufgetan, zu der wahren Unsterblichkeit, meine ich, wo die Tat lebt und weiter eilt, wenn auch der Name ihres Urhebers hinter ihr zurückbleiben sollte.«

2.

So ungefähr, stelle ich mir vor, soll der Bericht klingen, den ich nach der Schiller-Feier im Deutschen Bundestag in der Presse lesen möchte. Schiller hielt seine berühmte Antrittsvorlesung »Was und zu welchem Ende studiert man Universalgeschichte?«, aus der wir zitiert haben, am 26. Mai 1789 in Jena. Ganz Jena war anwesend. Wenige Wochen später begann mit dem Sturm auf die Bastille die Französische Revolution. Ob auch sie ausschließlich dem Telos der Geschichte folgte, also entwicklungsgeschichtlich unvermeidlich war, sei dahingestellt, die Mittel, die den Zweck heiligen sollten, waren jedenfalls alles andere als zimperlich. Eine zu strikt durchgehaltene Geschichtsphilosophie, auch wenn sie am Anfang idealistisch formuliert wird, hinterläßt am Ende, wenn die Macht sich ihrer allzu reichlich bedient hat, oft einen Berg von Leichen. Das wußte auch Schiller, der Chronist des dreißigjährigen Krieges. Also stellte er Rousseau auf den Kopf: Nicht der edle Wilde steht am Anfang der Geschichte und entwickelt sich zum bösen Zivilisierten; sondern aus dem unzivilisierten wilden Naturmenschen entsteht im Verlaufe der Geschichte der gebändigte Mensch, der sowohl seine eigenen Interessen vertritt als auch die der Gemeinschaft. Es lag nicht an Schiller, wenn das zwanzigste Jahrhundert sich nicht nach diesem Bilde malen ließ.

Am Beginn der französischen Erhebung, noch in der Bewegung des Anfangs, verlieh die französische Nationalversammlung dem deutschen Schriftsteller Friedrich Schiller und einer Reihe weiterer Persönlichkeiten, unter anderem Klopstock, das Ehrenbürgerrecht. Das Dokument wurde von Danton persönlich unterzeichnet. Danton, wie Schiller 1759 geboren, war, als letzterer den Ehrenbürgerbrief mit großer Verspätung erhielt, vom sogenannten Wohlfahrtsausschuß bereits guillotiniert worden. 1794, als sein Kopf rollte, schrieb Schiller in Jena den für den deutschen Geist bahnbrechenden Essay »Über die ästhetische Erziehung des Menschen«. Zwei Revolutionäre mit sehr unterschiedlichen Schicksalen: Danton wurde Opfer der von ihm selbst mitentfachten Revolution; Schiller wurde Opfer seiner schwachen Konstitution. Er starb vor zweihundert Jahren; jetzt soll er, der seit seinem Tod ein bevorzugtes Objekt unserer Gedächtniskultur war, groß gefeiert werden. An seinem hundertsten Geburtstag, am 10. November 1859, war *ganz* Deutschland auf den Beinen. Sogar in Berlin gedachte man seiner. »In ›Mäders Lokal‹, dem ehemaligen Gasthaus, wo Schiller im Mai 1804 logierte – (es war sein einziger Besuch in Berlin) –, versammelt sich der literarische Sonntagsverein ›Tunnel unter der Spree‹ und erhebt die Gläser zu einem Toast von Theodor Fontane:

> *Gebrach uns noch die hohe heil'ge Flamme,*
> *Die unseren Geist von Kleinheit, Sehnsucht reinigt*
> *Und uns zusammenschweißt zu einem Stamme;*
> *Und Schiller kam – und Deutschland war geeinigt.«*

Dieser in Michael Bienerts *marbachermagazin* über Schiller in Berlin zitierte Toast mit seinem anrührendpathetischen Schlußvers sollte in uns nachhallen, wenn wir jetzt die Festtagsvorkehrungen für seinen Todestag treffen.

Oder ist schon wieder alles vorbei? Die Umdrehungsgeschwindigkeit, mit der wir unser kulturelles Leben organisieren, ist so schnell geworden, daß sich die Zeit gewissermaßen selber überholt. Noch ehe die tatsächlichen Gedenktage feierlich »begangen« werden können, sind sie öffentlich schon abgefeiert worden. Viele der großen Zeitungen haben reichhaltiges Material zusammengestellt, um die anhaltende Wirkung oder die andauernde Wirkungslosigkeit Schillers nachzuweisen. Und während der eine, Schiller lesend, nicht genug kriegen kann, wendet der andere sich mit Grausen. Warum aber schon ein Dreivierteljahr *vor* dem Ereignis? Eben noch wurde – nach Adornos 100. Geburtstag – Kant anläßlich seines zweihundersten Todestages gewürdigt, da verdrängte die Neuausgabe des *Kosmos* von Alexander von Humboldt die *Kritiken* des Königsbergers, und während wir noch mit Humboldt in wärmeren Gegenden uns ergehen, beschwerten schon, noch 2004, die ersten dicken Schiller-Dossiers unser (schlechtes) kulturelles Gedächtnis. Und während wir also noch einmal die Schriften des Historikers Schiller zur »Geschichte des Abfalls der Vereinigten Niederlande von der spanischen Regierung« lesen, in der es noch wohlgemut heißt: »Die Geschichte der Welt ist sich selbst gleich wie die Gesetze der Natur und einfach wie die Seele des Menschen«; oder die des Ästhetikers mit seiner Unterscheidung von naiver und sentimentalischer Dichtung; oder gar uns die Theaterstücke Schillers noch einmal vornehmen und gleichzeitig die Biographien verschlingen, die uns die schrecklichen Bedingungen vor Augen führen, unter denen dieses Werk der Schönheit (als *Freiheit in der Erscheinung*) entstanden ist, während wir uns also noch einmal (und wahrscheinlich zum letzten Mal) tief in dieses von enthusiastischem Pathos und großer Scharfsinnigkeit durchtränkte Werk einlesen, müssen wir uns bereits mit der hundert Jahre später durch Einstein formulierten Allgemeinen Relativitätstheorie herumschlagen (die wir bisher nie genau verstanden haben und von der wir deshalb auch nicht wissen, ob und wie sie unser Verhältnis zu Schiller beeinflussen kann); und während wir noch darüber nachdenken, ob unser Zeit- und Raumgefühl durch Einstein tatsächlich eine Veränderung erfahren hat, müssen wir Stifters Geburt (1805) gedenken oder an das erste Erscheinen des *Don Quijote* (1605) erinnern, an einen Roman, wie ihn die deutsche Literatur leider nie hervorgebracht hat; und sollten wir nicht auch für Hans Christian Andersen (der im Todesjahr Schillers geboren wurde) und seine Liebe zu Deutschland ein Gedenkblatt schreiben, auch wenn unsere Aufmerksamkeit eigentlich den hundersten Geburtstagen Canettis und Sartres gelten sollte?

Die Pessimisten unter den Kritikern des öffentlichen Jubiläumswesens wollen sich nicht vom Kalender vorschreiben lassen, wann sie zu welchen Büchern greifen sollen. Das ist ihr gutes Recht. Aber sind diese Pessimisten nicht in aller Regel Professoren, die immer darüber klagen, daß sowieso kein Student mehr die Klassiker liest? Daß jegliches historisches Bewußtsein ausgetrocknet ist, weil kein Mensch sich der Mühe unterziehen will, die Alten zu studieren? Sollen wir Weihnachten, Ostern und Pfingsten abschaffen, weil wir uns nicht vorschreiben lassen wollen, wann wir uns an die christlichen Grundlagen unserer Zivilisation erinnern lassen wollen?

Die Geschichte der Moderne, die mit der Französischen Revolution beginnt, ist kurz. Sie ist geprägt von der Idee der Freiheit, wie wir sie noch heute verstehen. Es gibt, das bestätigt uns ein Blick auf den immer noch von Kriegen beherrschten Planeten, gute Gründe, an die zu erinnern, die diese Idee unserer Freiheit formuliert haben. Schiller gehört dazu. Also wollen wir ihn feiern: in Schulen und Universitäten, auf dem Theater und im Parlament, auf allen Bühnen, die geeignet sind, diesen großen Schriftsteller der Freiheit zu ehren.

Will nichts mehr gelingen

Dankrede für den Mörike-Preis

Literaturpreise, die im Namen eines Schriftstellers vergeben werden, haben – neben dem Schrecken, den große Namen einem einjagen sollten – oft eine erzieherische Wirkung. Man beschäftigt sich erneut mit dem Werk des Autors, und natürlich hat man den Ehrgeiz, die hohen Qualitäten dessen, mit dem man nun lebenslang verknüpft ist, ins rechte Licht zu rücken. (Und ein wenig von dem vielen Licht, das man dem Patron zumißt, soll natürlich auch die eigene Arbeit treffen, das zeigt ein flüchtiger Blick in die Geschichte der Dankesreden.) Bei Eduard Mörike fällt das leicht. Hat irgend jemand je behauptet, dieses vergleichsweise schmale Werk habe ihn ganz und gar unberührt gelassen? Wenn man sich die vielen Stimmen, die sich vor zwei Jahren zu seinem zweihundertsten Geburtstag versammelt hatten, vergegenwärtigt, dann hört man einen zarten Chor der Liebe und Verehrung, der seine Melodie auf einer einzigen Zeile aufbaut: Armes Leben – reiche Kunst. Während bei Schiller, dem anderen »Ludwigsburger«, dessen zweihundertsten Todestag wir gerade mit Pauken und Trompeten hinter uns gebracht haben, stets erwähnt wurde, mit welcher Disziplin er sich aus allen mißlichen Lebenslagen an den eigenen Haaren aus der Misere gezogen hat, wurde bei Mörike stets das traurige Gegenteil bemüht. Bei Schiller die trotz kränklicher Disposition getreue, eiserne Erfüllung des Programms der permanenten Selbsterfindung, um in kürzester Lebenszeit ein gewaltiges Werk zu vollenden, bei Mörike dagegen ein erschöpftes Sichgehenlassen, eine abgrundtiefe Müdigkeit, die gelegentlich von einem hypochondrischen Flackern erleuchtet wurde, und eine in allen Fragen des bürgerlichen Lebensentwurfs geradezu niederschmetternde Apathie. Schiller war immer auf dem Sprung, in Bewegung, Mörike immer in Wartestellung. Schiller war der Architekt des strahlenden Gebäudes des deutschen Idealismus, Mörike der selbstvergessene Spaziergänger, der an dem gleißenden Säulenportal vorbei in den Schatten ging. »In seinen Zügen war etwas Erschlafftes«, sagt Theodor Storm über den einundfünfzigjährigen Mörike, »um nicht zu sagen Verfallenes, das bei seinem lichtblonden Haar um so mehr hervortrat; zugleich ein fast kindlich zarter Ausdruck, als sei das Innere dieses Mannes von dem Treiben der Welt noch unberührt geblieben.«

Wer so veranlagt ist, verbraucht sich freilich auch langsamer. Während das Jahrhundert, in dem Mörike aufwuchs und dichtete und starb, sich in immer kürzeren Zeittakten auf die Industrialisierung vorbereitete und damit einen Menschen konditionierte, der diesen Beschleunigungen gewachsen war, arbeitete Mörike mit aufreizender Bedächtigkeit an seiner poetischen Praxis der Verlangsamung. Dieser Melancholiker, der die feinsten Risse in der Welt- und in der Menschenseele wahrnahm, hatte weder die Absicht, ein Chronist seiner Zeit zu werden, wie die um ihn herum in Europa aus dem Boden schießenden Realisten, noch wollte er sich als Erzieher einen Namen machen. Sein

Programm war bescheidener: Nicht auffallen, so wenig wie möglich produzieren. Mit neununddreißig Jahren stand dieser Zeitgenosse von Karl Marx und Friedrich Engels bereits auf der Rentenliste des Königlichen Cameralamts. Mörike muß instinktiv gespürt haben, daß die Welt dabei war, sich vor seinen Augen eine häßliche Maske überzustülpen, die sie nie wieder würde abziehen können.

Kurzum, wir wissen alle, was wir an Mörike haben, und deshalb war man sich anläßlich seines zweihundertsten Geburtstags in den Chefetagen des Literaturrankings einig: Er ist *nach* Goethe und *neben* Heine, aber *weit vor* Uhland und *haushoch* über dem närrischen Waiblinger, dagegen *Kopf an Kopf* mit der Droste – oder mit anderen Worten: Keiner hat mit einer solchen Sensibilität für Formen und Schwingungen, für die Unterströmungen der Sprache und die Möglichkeiten des Klangs Gedichte geschrieben wie er. Nicht nur der armen Agnes im *Maler Nolten* versagt vor Bewegung fast die Stimme, wenn sie selbstvergessen das Lied »Rosenzeit« singt, auch wir, die abgebrühten Leser des 20. Jahrhunderts, müssen innehalten, wenn dieses Todeswehen den Liebesverrat zum Klingen bringt:

Rosenzeit! wie schnell vorbei,
   Schnell vorbei,
Bist du doch gegangen!
Wär mein Lieb nur blieben treu,
   Blieben treu,
Sollte mir nicht bangen.

In der Ernte wohlgemut,
   Wohlgemut,

Schnitterinnen singen;
Aber ach, mir kranken Blut,
        Mir kranken Blut,
Will nichts mehr gelingen.

Schleiche so durchs Wiesental,
        So durchs Tal,
Als im Traum verloren,
Nach dem Berg, da tausendmal,
        Tausendmal,
Er mir Treu geschworen.

Oben auf des Hügels Rand,
        Abgewandt,
Wein ich bei der Linde:
An dem Hut mein Rosenband,
        Von seiner Hand,
Spielet in dem Winde.

Man hört die Melodie mit, die die Worte in reine Musik übersetzt, und versteht, warum Mörike so oft und oft so gut vertont worden ist. Er selber übrigens war sich nicht so sicher, ob er noch, umgeben von seinen aufpasserischen Frauen, in Württemberg auf dem Altenteil saß oder schon, in das Gewand eines Klassikers gehüllt, auf dem Parnaß in der näheren Umgebung von Goethe. Einer seiner selbstironischen Albumverse lautet:

Mein Wappen ist nicht adelig,
mein Leben nicht untadelig,
und was da wert sei mein Gedicht,
fürwahr, das weiß ich selber nicht.

Mörikes auffälliger Mangel an Selbsterhöhung und Selbstbespiegelung, seine Haltung, sich lieber kleiner als größer zu machen, um nicht übermäßig beobachtet zu werden und einen langen Schatten zu werfen, ist oft und oft auch ein wenig zu anschmeißerisch beschrieben worden. Aber gewiß war er eher ein älterer Bruder Robert Walsers als ein junger Gefährte des Weimarer Olympiers, er ging lieber allein und kommt auch von heute aus, in der Rückschau, als Einzelgänger in den Blick, trotz seiner treuen schwäbischen Freunde und trotz seiner Bewunderer, zu denen ja auch ein Turgenev gehörte.

Mörike oder Heine, im Werk dieser beiden Dichter hat man ziemlich klar die Entwicklungslinien der deutschen Poesie bis heute vor sich, wenn sie nicht sogar die zwei deutlichsten Ausprägungen der Poesie, der Dichtung überhaupt verkörpern. Böotien, das Land Hesiods auf der einen Seite, die Landschaft, Werke und Tage unter dem sich ändernden Himmel, die Jahreszeiten, die verborgenen, aber immer anwesenden Götter und ihr Einfluß auf das menschliche Geschick, das prekäre Glück, die Dankbarkeit und die Demut, die erträumte Einheit: es würde hier zu weit führen, das mit diesen wenigen Wörtern abgesteckte Feld auszumalen, auf jeden Fall steht in ihm auch das Haus des Mörike, und auf der Bank davor treffen wir eben die Droste und Robert Walser, aber auch Peter Huchel, Günter Eich und Oskar Loerke, Hermann Lenz, Seamus Heaney und Les Murray (der diese Unterscheidung, hie: Böotien, das Land, da: Athen, die Polis, am radikalsten formulierte) und Philippe Jaccottet und den alten Montale. Und auf der anderen Seite eben Athen und Paris, die Stadt und das Städtische, Ironie und Zynismus, lässige Urbanität und das Interesse an neuen Ideen wie an Klatsch, der wie auch immer sich maskierende Fortschritt, die Entzauberung, Skepsis, Mißtrauen, Zweifel. Wir alle wissen, was wir Athen zu verdanken haben, eben Heine und Brecht, Benn und Enzensberger und viele andere der großen Artisten. Und ganz gewiß gibt es auch *go-betweens*, Dichter, die eine Stunde auf der Bank bei Mörike hocken und ein Glas Wein trinken und dann in die Stadt enteilen, weil sie die letzten Nachrichten wie eine Droge brauchen. Das sind die Zerrissenen. »Zerrissenheit und Dissonanz des Innern« war das Zeugnis, das Hegel (in seiner Ästhetik) der romantischen Kunst ausstellte.

Und damit wären wir beim *Maler Nolten*, bei der ganz ohne Zweifel umfangreichsten Novelle der Literaturgeschichte, einem dicken, hochkomplexen Ding in zwei Teilen, das selbst seinem Schöpfer Mörike zeitlebens im Hals steckengeblieben war, weshalb er als alter Mann (und unterforderter Pensionär) sich noch einmal abmühte, daraus ein handliches Stück zu formen. Vergeblich, wie wir wissen, er starb über dieser nicht zu leistenden Arbeit.

Diese lange, sich dehnende, manchmal auch aus dem Leim gehende Novelle – man muß bedenken, daß Kleists Novelle *Das Bettelweib von Locarno* mit knapp zwanzig Sätzen auf zwei Seiten auskommt –, dieses wunderliche, reiche Monstrum hat wohl auch deshalb Anspruch auf Zeitlosigkeit, weil es in der Struktur und in der Durchführung, in seiner ganzen Unmöglichkeit die Aporie des sogenannten »geglückten« Romans im Deutschland des 19. Jahrhunderts vor Augen führt. Keine Ästhetik der Versöhnung, keine Formvollendung, kein Triumph des das Elend wegschreibenden Erzählens – war es diese jugendlich-übermütige Radikalität, die den alten Mörike dazu bewogen hat, sich noch einmal mit seinem fiebrigen, vollgestopften Erstling zu beschäftigen? Wollte er sich korrigieren, verbessern, verändern?

Auch ich gehöre zu denen, die mehrere Male den *Nolten* begonnen und wieder weggelegt haben, und wahrscheinlich hat nur die pädagogische Wirkung des »Mörike-Preises« dazu geführt, daß ich mir nun über Weihnachten *jede Zeile* dieser gut fünfhundert Seiten starken Novelle zu Gemüte geführt habe. An den im Kniff schon vergilbten Eselsohren und den Randbemerkungen in meiner alten Ausgabe konnte ich ablesen, an welcher Stelle und an welchem Problem ich früher gescheitert war. Eine Bleistiftnotiz lautet zum Beispiel: Wie und was malt Nolten eigentlich? Ist er eher ein E. T. A. Hoffmann oder ein Caspar David Friedrich? Der Roman gibt darüber seltsamerweise keine Auskunft, und erst durch Werner Hofmann, der wie kein anderer das 19. Jahrhundert in seiner Hosentasche mit sich herumträgt, weiß ich, daß außer dem mehrfach wenigstens in vagen Umrissen beschriebenen Bild der Zigeunerin deshalb kein anderes Werk des Malers Nolten im Zentrum steht, weil die Novelle selber das Gemälde ist, das alle Protagonisten zusammen herstellen.

Ein überdimensionales Gemälde, auf dem all die Risse, Dissonanzen, psychischen Verknotungen und Entzweiungen der Personen als charakteristisch für eine Zeit dargestellt werden, die sich noch kein schlüssiges Bild von sich selbst machen konnte. Der *Maler Nolten* ist 1832, in Goethes Todesjahr, erschienen;

die Befreiungskriege waren längst vorbei, aber eine neue, befreiende Ordnung war nicht in Sicht. »Machen Sie mir ihn [Napoleon] nicht vollends zum seichten Verbrecher«, ruft Nolten dem Baron zu, weil er nur zu gut weiß, was seine Generation dem Kaiser zu verdanken hat. Hätte der nicht, mit ein wenig mehr Augenmaß und Vernunft, knapp zweihundert Jahre vor der tatsächlichen Einigung eine wahrhafte europäische Einigung zustandebringen können, die sich nicht nur dem kameralistischen Rechenstift, sondern den Prinzipien von Freiheit, Gleichheit, Brüderlichkeit verdankt hätte? Immerhin hätte er uns ein paar hundert Millionen Kriegstote erspart. Vorläufig drehte sich das »lahme Rad der Welt«, das durch Napoleon einen tüchtigen Schwung erhalten hatte, nicht mehr, und mit schöner Ironie berichtet Agnes' Vater, wie die kleine Tochter eines Tages zu ihm gesagt hat: »Gesteht es nur, Papa, daß es die Länder und Städte gar nicht gibt, von denen Ihr alls redet mit dem Herrn; ich merke wohl, man tut nur so, wenn ich um den Weg bin, ich soll Wunder glauben was alles vorgehe draußen in der Welt und was doch nicht ist; deswegen laßt Ihr mich auch nie weiter als bis nach Weil, nach Grebenheim und Neitze. Zwar daß unsers Königs Land sehr groß ist, und daß die Welt noch viel, viel weiter geht, auch noch andere Völker sind, weiß ich wohl, aber Paris, das ist gewiß kein Wort, und London, so gibt es keine Stadt.« Wenn man für Paris Rousseau, Diderot und Voltaire einsetzt und für London Hume, Smith und Locke, dann heißt das, die Aufklärung ist nicht in den Winkel vorgedrungen, in das Forsthaus, wo der Baron, der Förster und Nolten die Lage des Einzelnen in der Welt besprechen. Der Baron, ein kluger, liebenswürdiger, liberaler Mann und alles andere als ein Metternich, bringt es auf den Punkt: »Überhaupt preis ich den jungen Menschen glücklich, der, ohne träge oder dumm zu sein, hinter seinen Jahren, wie man so spricht, weit zurückbleibt; er trägt gewöhnlich einen ungemeinen Keim in sich, der nur durch die Umstände glücklich entwickelt werden muß. Hier ist jede Absurdität Anfang und Äußerung einer edeln Kraft, und dieses Brüten, wobei man nichts herauskommen sieht, das kein Stück gibt, ist die rechte Sammelzeit des eigentlichen innern Menschen, der freilich eben nicht viel in der Welt ist. Ich kann es mir nicht reizend und rührend genug vorstellen, das stille gedämpfte Licht, worin dem Knaben dann die Welt noch schwebt, wo man geneigt ist, den gewöhnlichsten Gegenständen ein fremdes, oft unheimliches Gepräge aufzudrücken und ein Geheimnis damit zu verbinden, nur damit sie der Phantasie etwas bedeuten, wo hinter jedem sichtbaren Dinge, es sei dies, was es wolle – ein Holz, ein Stein, oder der Hahn und Knopf auf dem Turme – ein Unsichtbares, hinter jeder toten Sache ein geistig Etwas steckt, das sein eignes, in sich verborgnes Leben andächtig abgeschlossen hegt, wo alles Ausdruck, alles Physiognomie annimmt.«

Das ist ganz eindeutig die überhaupt nicht reaktionäre und auch nicht hinterwäldlerische Sprache Böotiens, in diesen Vorstellungsräumen hat der Geist Athens jedenfalls nichts zu suchen. Das Brüten, die eigentliche Ausdrucksform der Melancholie, verträgt sich nicht mit der ungestümen Unbekümmertheit des neuen, fortschrittlichen Menschen. Wie sehr Mörike an der wie auch immer gestörten Idylle, an dem verrutschten Paradies, an dem Geheimnisvollen einer sich entzaubernden Welt festhalten wollte oder festhalten mußte, zeigen die in der Tat romantischen Landschaftsvignetten, die den rhetorisch gelegentlich überstrapazierten Text aufhellen und zum Leuchten bringen. Wenn Constanze oder Larkens oder der Baron mit ihren langen, überlangen Monologen endlich an ein Ende gekommen sind – »Diesmal war es ihm gelungen, mit mehreren Worten so viel wie nichts zu sagen«, heißt es einmal eindeutig –, wird man mit einem Landschaftsbild beschenkt, das sich nicht der Zeit der beginnenden Industrialisierung verdankt, sondern ganz dem emotional bestimmten Seeleninnenraum entstammt. Die Landschaft ist noch das Unvergängliche, nur die dummen, eitlen Menschen, die sich in ihr bewegen, sind sich ihrer selbst ungewiß: »Denn eigentlich weiß er selbst nicht – heißt es – wie alles werden wird und sich fügen soll. Beharrlich schweigt sein Herz, ohne irgend etwas zu begehren, und nur augenblicklich, wenn er sich das Ziel seiner Reise vergegenwärtigt, kann ein süßes Erschrecken ihn befallen.« Und nach dieser seelischen Unsicherheitserklärung das Bild der von keinem seelischen Terror befleckten Landschaft: »Er hat mit seinem muntern Pferde schon in der vierten Tagreise das Ende des Gebirgs erreicht, das die Landesgrenze bezeichnet und von dessen Höhe aus man eine weite Fläche vor sich verbreitet sieht. Es war ein warmer Nachmittag. Gemächlich ritt er die lange Steige hinunter und machte am Fuß derselben Halt. Er führte sein Pferd seitwärts von der Straße, band es an eine der letzten Buchen des Waldes, wo zwischen kleinem Felsgestein ein frisches Wasser vorquoll. Er selber setzte sich auf eine erhöhte, mit jungem Moos bewachsene Stelle und schaute auf die reiche Ebene, welche in größerer und kleinerer Entfernung verschiedene Ortschaften und die glänzende Krümmung eines ansehnlichen Flusses zeigte. Ein Schäfer zog pfeifend unten über die Flur, überall wirbelten Lerchen, und Schlüsselblumen dufteten in nächster Nähe.«

Ja, so sah es in Deutschland einmal aus, als es noch keinen nationalen Waldbericht gab: Schöner hätten die Maler es auch nicht auf die Leinwand bringen können – und wenn wir das Zitat in ein Bild umsetzen sollten, ahnen wir auch, wie Nolten gemalt haben würde.

Viele aufmerksame Germanisten haben uns empfohlen, Mörikes Novelle, die nun weiß Gott keine ist, als einen von Goethe inspirierten Künstler- und Bildungsroman zu lesen, wie er damals in Mode war. Heilige Einfalt! Man könnte mit mehr Recht von einem kalkulierten Bildungsverhinderungsroman sprechen. Hier wird keiner rousseauistisch in die harte Schule des Lebens geschickt, vor allem wird keiner durch Schaden klug oder durch Niederschläge geläutert, hier waltet nicht das niederschmetternde, vernichtende Klima des *Anton Reiser*, nein, im Gegenteil: Hier werden die aberwitzigsten Intrigen im gerade noch adligen und dann schon hochbürgerlichen Wohnzimmer inszeniert, aus denen partout keiner etwas lernt; hier bekommt keiner der jüngeren, der Nolten-Generation, die Gelegenheit, sittlich zu reifen, um ein ordentliches Vorbild abzugeben für den Leser oder die Leserin, die nicht einmal Mitleid empfinden können für den Maler und seinen Freund, den Schauspieler Larken, die ihr perfides Spiel seitenlang unentdeckt spielen dürfen. Warum überhaupt diese Intrigen unter Freunden? Will man, bei diesem Spiel mit dem Feuer, aus der beengenden Haut schlüpfen? Mitleid bringt der Leser allenfalls für die Frauen auf, für Agnes, Constanze und die immer im passenden, also unpassenden Moment wie ein Gespenst auftauchende Zigeunerin, die auf den gutbürgerlichen Namen Elisabeth hört und das schlechthin andere verkörpert, das nicht zu domestizieren ist, wenngleich es unbedingt in die bürgerliche Wärme eingelassen werden will.

Die wahre Geschichte Elisabeths alias Maria Mayer, wie sie immer wieder und bis ins verblüffende Detail rekonstruiert wurde, ist auch heute noch herzzerreissend. Mörike sah diese offenbar hochneurotische, schöne und auch gebildete Landstreicherin und behielt sie in seinem Herzen als Heilige, und als eine schräge Heilige von Buñuel'schem Format wird sie auch uns in Erinnerung bleiben. Es ist verständlich, daß sich ein angehender Pfarrer mit einer so liederlichen Person nicht unter Gottes Augen wagen wollte – obwohl man irgendwie sicher ist, daß Gott Freude an dieser Ausreißerin gehabt hätte. Es ist eine Sünde, sich Gott immer als gutbürgerlichen Moralapostel vorzustellen.

Im Roman sagt Nolten (alias Mörike) nach dem Treffen mit der Zigeunerin Elisabeth zu seiner entsetzten Schwester, die regelrecht Angst hat, das braune Mädchen auch nur zu berühren: »Liebe Schwester, du warst doch sonst keine von denen, die für das Seltene, was sie nicht begreifen, gleich einen verpönenden Namen wissen. Ja, und wär es auch eine Wahnsinnige, sie wird uns nicht schaden.« Aber sie hat in den Augen der Schwester – im Roman und in der Wirklichkeit – sehr wohl geschadet und durfte nicht mehr gesehen werden. Und Mörike schrieb die bitteren, jeden Gott,

der irgend etwas von Menschen versteht, rührenden
Zeilen:

Krank seitdem,
Wund ist und wehe mein Herz.
Nimmer wird es genesen.

Nein, kein Bildungsroman. Und die Künstler, die im
Mittelpunkt stehen, sind keineswegs Opfer der unver-
ständigen, banausischen bürgerlichen Gesellschaft. Sie
bewegen sich geehrt und respektiert in den höchsten
Kreisen, werden bewirtet und gehätschelt von feinen
Damen aus den besten Schichten, deren Männer ordentliche Berufe haben und sich trotzdem für die Kunst
interessieren – und dennoch ist keiner fürs Glück geschaffen.

Nein, es sind die höchst begabten, aber traurigen
Künstler selber, die eine Entwicklung nicht zulassen:
»Nicht heute, nicht in gewissen Augenblicken bloß bemächtigt sich meiner dieser lästige, mir selbst verhaßte
Mißmut«, sagt Nolten, »es ist keine Laune, die nur
kommt und geht, es ist ein stets unruhiges Gefühl, daß
es anders mit mir sein sollte und könnte, als es ist.«
Und auf die besorgte Frage der ihn liebenden Gräfin
Constanze, was genau er damit meine, antwortet Nolten: »Wohl, es ist wahr, ich könnte glücklich sein, aber
ich weiß nicht eigentlich zu sagen, warum ich es nicht
bin... Ein unendliches Feld dehnt sich vor mir aus,
und wenn ich sonst an der Möglichkeit verzweifelte,
die Welt, welche sich in mir drängte, jemals in heiterer
Gestaltung an das Licht hervorzuführen, so seh ich,
daß sie jetzt, sobald ich recht will, von selber leicht
und zwanglos unter meinem Pinsel sich befreit. Aber
wie kommt es, daß eben jetzt mein Fleiß und meine

Lust nachläßt? Warum so manche Arbeit angefangen, ohne sie zu vollenden? Woher die Ungeduld, sich auswärts umzutun, überall, nur nicht in meinen vier Pfählen, vor meiner Staffelei mich zu befriedigen?« Und die Gräfin, die so bereitwillig ihr Haus dem Künstler zur Verfügung gestellt hat, spricht in ihrer Antwort die wohl nicht eingelöste Hoffnung aus, daß sie davon überzeugt gewesen sei, ihr Haus sei eine Zuflucht für Nolten, »wo der Künstler das vielfach bewegte Leben seines Innern harmlos und ruhig mit der Gesellschaft zu vermitteln imstande wäre, um immer wieder mit freigeklärter Stimme in den Ernst seiner Werkstätte zurückzukehren und sich mit mehr Gelassenheit alles desjenigen zu bemeistern, was sonst mit verworrener Übermacht betäubend und niederschlagend auf ihn eindrang. Ja, mein Freund, Sie mögen im stillen meiner spotten, ich leugne nicht, so weit gingen meine Hoffnungen.«

Nun, diese Hoffnungen waren trügerisch. Die verratene Generation zwischen den Revolutionen, die Leonce-und-Lena-Generation, war nicht in der Lage, die Ursachen für ihre pathologische Schwermut zu analysieren. Larkens zum Beispiel, ein Mann mit allerhand Talenten, »wurde die freiwillige Beute eines feindseligen Geistes«, des heiteren Menschen »bemächtigte sich eine tiefe Hypochondrie, er glaubte seinen Körper zerrüttet, er glaubte, die ursprüngliche Stärke seines Geistes für immer eingebüßt zu haben«: »›Das bißchen – sagt der junge Mann über sich selbst –, was noch aus mir glänzt und flimmt, ist nur ein desperates Vexier-Lichtchen, durch optischen Betrug in euren Augen vergrößert und verschönert, weil sich's im trüben Hexendunste meiner Katzen-Melancholien bricht.‹« Mit solchen Ausdrücken, heißt es weiter, »konnte er sich ganze Stunden gegen Theobald erhitzen, und erst nachdem er sich gleichsam völlig zerfetzt und vernichtet hatte«, gewann er seine alte Heiterkeit zurück. Und was macht er? »Um jene Zeit hatte sich unter seinen Freunden die eigene Sucht hervorgetan, sich durch Erfindung und Durchführung fein angelegter Intrigen zu zeigen.« Sorgfältig geplante Intrigen, wie wir dann seitenlang nachlesen dürfen, die das Klima endgültig vergiften. Und Agnes? Auch sie ist schwer angegriffen von einem falschen Selbstbild und glaubt, dem schönen Nolten nicht zu genügen: »Das ist ja eben der Jammer, daß er sich selber so betrügt! ihr alle betrügt euch, und ich mich selbst in mancher törichten Viertelstunde... ach, denn ich fürchtete, er könnte mir im stillen recht geben, ich wollte ihm nicht selber darauf helfen, wie ungleich wir uns seien, wie übel er im Grunde mit mir beraten sei.« Keiner kann hoffen, mit diesem ungebrochenen Jammer die Grundlage für eine stabile Liebe zu legen, und wenig später heißt es denn auch lakonisch: »Der Verstand des guten Wesens hatte das Gleichgewicht verloren, und der traurige Riß war kaum geschehen, als die Schatten des Aberglaubens mit verstärkter Wut aus ihrem Hinterhalte brachen, um sich der wehrlosen Seele völlig zu bemächtigen.«

Ich weiß nicht, ob Sie alle je den *Maler Nolten* gelesen haben oder ihn auch erst zu Ende lesen wollen, wenn man Ihnen den Mörike-Preis verleiht. Mir ist bewußt, daß ich nur einen Aspekt dieser verwinkelten, labyrinthischen und launischen Erzählung streifen konnte, der mir aber wichtig zu sein scheint: die völlige Hoffnungslosigkeit. Man muß sich immer vor

Augen halten, daß dieses Buch von einem siebenundzwanzigjährigen Theologen geschrieben wurde, der sich als Vikar sein Brot verdiente. Einen Trost hatte dieser Pfarrer, wenn er nicht gerade predigte, nicht anzubieten. Damit diese rabenschwarze Abgründigkeit nicht allzu ruchbar wird, hat Mörike eine Reihe von leicht durchschaubaren literarischen Strategien eingesetzt. Manchmal sagt er dann: »Wir wagen es nicht, diesen Schmerz zu schildern.« Und um die Verdichtung der schrecklichsten Schmerz-Szene zu neutralisieren, heißt es: »Aber wie alles zum Äußersten und Unnatürlichen Gesteigerte sich nicht lange auf dieser Höhe erhält, so fiel alsbald ein unwiderstehlicher tiefer Schlaf über die Erschöpfte her und versenkte sie in ein wohltätiges Vergessen ihres mitleidswerten Zustandes. – Ebenso ruhig und gelassen wie vor einer Stunde, da der Blick der Sterne das Gebet einer Glücklichen zu segnen schien, funkelten sie jetzt auf das Lager des unglücklichen Weibes herab. So rasch kann sich an die höchste irdische Wonne das Dasein unübersehbaren Jammers drängen.« »Die Sonne schien, da sie keine andere Wahl hatte, auf nichts Neues«, so beginnt ein Roman, der genau hundert Jahre später geschrieben wurde, nämlich Samuel Becketts *Murphy*.

Es gibt keine glücklichen Menschen im *Maler Nolten*.

Und folglich sind am Ende alle mausetot: »Es dauerte kein Jahr, so schlug sich der Tod ins Mittel, die Frau starb in dem ersten Kindbett«, heißt es über die Zigeunerin, deren Kind Elisabeth mal als geheimnisvolles Nachtgewächs, mal als sinistre Nervensäge das Buch durchzieht; von der später wahnsinnigen Elisabeth selber wird berichtet, man habe sie »entseelt auf öffentlicher Straße gefunden, wo sie ohne Zweifel vor bloßer Entkräftung liegen geblieben.« Ihr Vater »hatte früher unter der Hand einige Versuche gemacht, sie in einer geordneten Familie unterzubringen«, aber da »ihr melancholisches Wesen, mit der Muttermilch eingesogen, durchaus unheilbar schien, so gab man sich zuletzt nicht Mühe mehr, sie einzufangen.« Agnes, die böse getäuschte Braut des Malers, wird in einem Brunnen gefunden. »Offenbar war sie, mit dem Kopfe vorwärts stürzend, ertrunken... Der Wundarzt machte zum Überfluß noch den einen oder anderen vergeblichen Versuch. Vom grenzenlosen Jammer der sämtlichen Umstehenden sagen wir nichts.« Von Nolten ist zu sagen, daß »sein lebloser, gläserner Blick nicht sowohl einen gewaltigen Schmerz als vielmehr eine schläfrige Übersättigung von langen Leiden zeigte.« Eine »blöde, seltsame Verlegenheit« hat sich seiner bemächtigt. Und als die noch Lebenden ihn trösten wollen mit dem Wort: »Wir sollen selbst da noch hoffen, wo nichts mehr zu hoffen steht«, da kommt von ihm aus weiter Ferne die unmißverständliche, großartige Antwort: »Ich kann... zur Not verstehen, was Sie meinen, und doch – das Unglück macht so träge, daß Ihre liebevollen Worte nur halb mein stumpfes Ohr noch treffen – O daß ein Schlaf sich auf mich legte, wie Berge so schwer und so dumpf! Daß ich nichts wüßte von gestern und heute und morgen! Daß eine Gottheit diesen mattgehetzten Geist, weichbettend, in das alte Nichts hinfallen ließe! Ein unermeßlich Glück – –!« So hat vor Nietzsche kein anderer die deutsche Sprache geformt. Aber die Schönheit hilft nichts, auch Nolten folgt dem Sirenengesang des Todes. »An Nolten muß nach stundenlanger Anstrengung so Kunst wie Hoffnung erliegen. Bescheiden äußerte der Wundarzt seinen Zweifel, und als endlich der Medikus ankam, erklärte dieser auf den dritten Blick, daß keine Spur von Leben hier mehr zu suchen sei.« Agnes und Nolten werden auf dem katholischen Gottesacker, in Anwesenheit eines protestantischen Geistlichen, bestattet. Larkens, um diesen guten Mann nicht zu vergessen, hat sich vergiftet: Er hat die Spannung, die sein Intrigenspiel heraufbeschworen hat, nicht verkraftet. »Gewiß – sagt Nolten –, mein Larkens ist sich selber treu und gleich geblieben, sein großes Herz, der tiefverborgne edle Demant seines Wesens blieb unberührt vom Schlamme, worein der Arme sich verlor!«

Und was ist mit Constanze geschehen, werden Sie beim Anblick dieses Leichenfeldes fragen, auf dem eine ganze Generation versammelt liegt? Sie war doch ohne jeden Arg, ohne jede Bosheit! Kann sie das Künstlerische, Ästhetische, das von jeder lästigen, unreinen Politik befreite Spielerische, das diese jungen Menschen lernen wollten, der nächsten Generation überliefern, die sich nun, ein Jahr nach Hegels Tod, daran machen sollte, das 19. Jahrhundert in den Griff zu kriegen? Ihr, der Gräfin Armond, hat Mörike die letzten fünf Zeilen seines Totenbuchs gewidmet, und es überrascht uns nicht, was wir lesen müssen: »Noch ist nur übrig zu erwähnen, daß Gräfin Armond, seit lange krank und aller Welt abgestorben, jedoch mit Noltens Glück noch bis auf die letzte Zeit, und zwar in Verbindung mit dem Hofrat, insgeheim beschäftigt, jene kläglichen Schicksale nur wenige Monate überlebte.«

So also endet das umfangreichste Buch, das Mörike je geschrieben hat. Biedermeier? Bildungsroman? Idylliker? Ich glaube, wir müssen uns von allen derartigen Zuschreibungen, die Autor wie Werk betreffen, verabschieden. In diesem Buch ist eine Ahnung ausgesprochen, die sich weit über den der düsteren, melancholischen Kondition Mörikes geschuldeten Pessimismus hinaushebt und zum Menetekel wird: Eine Weltperiode, so lautet die Ahnung, ist abgeschlossen, und vor uns liegt eine Entwicklung, in der solche naiven Menschen wie die hier gezeigten keine Lebensgrundlage mehr haben. Nun beginnt das wahre 19. Jahrhundert, der Aufstieg der Großmächte, der Kapitalismus, die Moderne, das katastrophische Zeitalter.

Zufall? Oder eine sehr bewußte pessimistische Geschichtsphilosophie? Das sollen die Germanisten herausfinden, sie haben mehr Zeit und Gelegenheit als ich, der wie sie in dieser Moderne, die schon ihre Post-Post-Moderne hinter sich hat, leben und arbeiten muß. »In einer Stimmung wie die ihrige wird der natürlichste Zufall leicht zum Orakel«, heißt es auf der letzten Seite von *Mozart auf der Reise nach Prag* über Eugenie. Mag sein, daß ich von der ziehenden Melancholie Mörikes stärker angesprochen wurde und werde als von dem Satiriker, der er ja gelegentlich auch war. Aber wenn einer wie Heinrich Heine kommt und diesen Mörike in eine Schublade stopft und draufschreibt: Schwäbisches Biedermeier, nicht zu genießen, dann fühlt man sich auch noch hundertfünfzig Jahre später zur Verteidigung aufgerufen. Seine vier Verse aus dem *Tannhäuser* jedenfalls werden als exemplarisches Fehlurteil in der Literaturgeschichte hängenbleiben:

In Schwaben besah ich die Dichterschul,
Gar liebe Geschöpfchen und Tröpfchen!
Auf kleinen Hackstühlchen saßen sie dort,
Fallhütchen auf den Köpfchen.

Ich möchte der Stadt Fellbach und der Jury des Mörike-Preises herzlich für diese ehrenvolle Auszeichnung danken. Und weil nun die ganze Zeit von Mörikes ab- und hintergründiger Prosa die Rede war, soll ganz am Schluß ein Gedicht stehen, das zu den schönsten Beispielen und zu den großen Rätseln der modernen Poesie gehört, die auch mit Mörike begann:

Auf eine Lampe

Noch unverrückt, o schöne Lampe, schmückest du,
An leichten Ketten zierlich aufgehangen hier,
Die Decke des nun fast vergeßnen Lustgemachs.
Auf deiner weißen Marmorschale, deren Rand
Der Efeukranz von goldgrünem Erz umflicht,
Schlingt fröhlich eine Kinderschar den Ringelreihn.
Wie reizend alles! lachend, und ein sanfter Geist
Des Ernstes doch ergossen um die ganze Form –
Ein Kunstgebild der echten Art. Wer achtet sein?
Was aber schön ist, selig scheint es in ihm selbst.

Vielen Dank.

Dr. h.c. eins

Um gleich das Ende meiner kleinen Rede vorwegzunehmen: Ich bin Ihnen außerordentlich dankbar, ich
fühle mich geehrt und bin – wenn Sie diese sentimen-
tale Regung nachsichtig verzeihen – stolz und gerührt,
daß Sie mich mit der Verleihung der Ehrendoktorwürde in Ihren Kreis aufgenommen haben. Stolz und
Rührung können eine ungute Mischung ergeben, wenn
eine stabile Distanz sie nicht davon abhält, zusammen-
zufallen. Es sollte mir bei meiner Vorgeschichte nicht
schwerfallen, diese Distanz einzuhalten, denn ich weiß
nur zu gut, daß ich auch nach dieser ehrenvollen
Zusprechung nicht nachträglich zum Akademiker geworden bin. Und schon gar nicht zu einem, der Ihnen
das Wasser abgraben oder auf Ihrem Stuhl Platz nehmen will, was nicht nur an meinem beamtenrechtlich
heiklen Alter liegt. Das beruht höchstwahrscheinlich
auf Gegenseitigkeit: So wenig ich mir anmaßen werde,
den Rest meines Lebens als drittmittelerprobter Akademiker Ihnen Konkurrenz machen zu wollen, so wenig
werden Sie – trotz der Unlust mit der Alma mater –
Lust verspüren, Ihre Tage in der dünnen Luft meines
von Bilanzen und Marketingüberlegungen vollgestopften Büros zu beschließen. Und sollten Sie trotzdem damit liebäugeln, so will ich Sie vollends abschrecken.
Sie haben, wenn ich richtig unterrichtet bin, jedes Jahr

zweimal eine vorlesungs- und seminarfreie Zeit, in der Sie nach Belieben aufstehen, nachdenken, lesen und schreiben dürfen, um nur die schicklichen Tätigkeiten aufzuführen, während ich alle Tage als Verleger von früh bis spät damit beschäftigt bin, atemlos den Geist der Erzählung und den flatterhaften Eros der wissenschaftlichen Erörterung oder gar den unberechenbaren Geist der Zeit in Büchern einzufangen. Nichts von dem, was mich alltäglich beschäftigt, ist fest. Nichts ist auch nur von kürzester Dauer, oder doch fast nichts. Die großen literarischen und geistigen Ereignisse des Frühjahrs sind mit dem ersten Schnee bereits wieder vergessen. Mit kaum einer der Lesefrüchte, die mich in meiner Jugend in Erstaunen und Bewunderung versetzt haben, könnte ich heute Eindruck schinden. Ein Blick in einen zwanzig Jahre alten Verlagskatalog belehrt einen über die Vergeblichkeit unseres Tuns. Namen, die keiner mehr kennt; Theorien, die nur noch zum Lachen reizen; Probleme, die im kalten Maul der Geschichte zerfallen sind. Und alles wollte Buch werden, alles mußte unbedingt erzählt, gedacht und gedruckt werden. Die Gegenwart, früher ein dunkler Punkt am Ende der Geschichte, hat sich breitgemacht – so breit, daß alles Davor unheilbar dem Vergessen anheimfällt. Und doch muß ich an die Haltbarkeit des Vergangenen glauben, sonst würde ich keine Bücher machen – die ich dann ja auch noch verkaufen muß –, und zwar zuvörderst an Sie und an diejenigen Ihrer Studenten, die entweder das Glück haben, aus einem begüterten Elternhaus zu stammen, oder denen es gelungen ist, sich selbst zu ernähren und die sich trotz dieser Belastung das Vergnügen an ästhetischen Gegenständen nicht haben nehmen lassen. Soll heißen: Ich habe es mit Minderheiten zu tun. Und wenn ich richtig lese, hat die Gesellschaft nichts dagegen, auch diese Minderheit noch einmal zu spalten. Aber von der Komödie über Staat und Universität, die naturgemäß eine Tragödie ist, will und kann ich hier nicht reden.

Wer lesen will, braucht Zeit; wer lesen *und* verstehen will, braucht noch mehr Zeit. Zeit und Zukunft sind Geschwister. Weil wir keine Zeit mehr haben, können wir uns Zukunft immer schwerer vorstellen. Als ich im Berlin der Nachkriegszeit aufwuchs, träumten wir von der grenzenlosen Verfügbarkeit von Zeit, und die Soziologie in der Nachfolge Gehlens versprach der sich rasant in die Zukunft beschleunigenden Industriegesellschaft, durch Entlastung von allen schweren Lebensbewältigungserfordernissen genau diese bereitzustellen. Zeit, Zukunft, Freiheit – diese drei Damen wollten wir den Händen der Philosophen entreißen und in unseren WGs unterbringen. Das Paradies lag vor der Tür, man mußte es nur erkennen und *besetzen*, wie es damals hieß. Und tatsächlich gab es in meinem Leben eine Periode, in der Zeit im Übermaß vorhanden zu sein schien. Nie wieder habe ich den Zustand erlebt wie vor 1968, als – wenigstens für den kleinen Teil der Gesellschaft, dem ich angehörte – die Dehnung der Zeit gelang. Plötzlich hatte der Tag vierundzwanzig wache Stunden und mehr. Das unerhörte Glück, der geradezu surrealistische Schock dieser Erfahrung der Entgrenzung führte dazu, daß es möglich wurde, mit der größten Selbstverständlichkeit die auseinanderliegendsten Disziplinen zu erfassen, ohne auf das sogenannte Leben mit seinen Erfahrungsmöglichkeiten, das heißt Kino, Theater, Musik, Liebe und andere zeitraubende Erkenntisbatterien, verzichten zu müssen. Literatur, Literaturwissenschaft und Linguistik, Psychologie und Psychoanalyse, Ökonomie und Philosophie, Ethnologie und Kunstgeschichte – und natürlich alle reinen und unreinen Zusammensetzungen wie Ethnolinguistik und Sexpol, Psychopathologie der Geschichte und Geschichte der Psychopathologie: die Welt wurde in allen ihren verwickelten Beziehungen unter unser Mikroskop gezerrt und ungeduldig beobachtet, und unsere Beobachtungen wurden schon am nächsten Tag in die großen und größten Zusammenhänge integriert, als sei alles ein Kinderspiel. Und auch wenn die Synthesen oft kurzschlüssig und politisch heikel waren, so verdankten sie sich doch einem unvergeßlichen Rausch des Lernens und Erfassens, einer permanenten Komplexitätssteigerung oder auch einer luxuriösen Verschwendung, wie der damals viel gelesene, heute fast vergessene George Bataille es mit Blick auf die wahren Triebkräfte von vitalen Gesellschaften genannt hatte. Wir waren glückliche Verschwender. Das Leben unterlag keiner von einer sorgenden, besorgten, sozialpolitisch inspirierten Vernunft behüteten Planung, sondern war unberechenbar, kontingent und chaotisch. (Ich fürchte, an diesem Zustand hat sich nichts geändert, nur haben wir uns angewöhnt, so zu tun, als sei unser Handeln vernünftig, während wir selbstverständlich davon ausgehen, neunzig Prozent unserer Mitbürger würden kraß unvernünftig handeln, vor allem der Staat, die Bürokratie, die Universitätsleitung, das Theater, der Nachbar – alle anderen eben. Möglicherweise ist dieser Grundverdacht – ich klug, der Rest der Welt blöd – der gemeinsame egoistische Nenner, der gegenwärtige Gesellschaften überhaupt noch zusammenhält.)

Nie wieder habe ich so intensiv gelesen. Und zwar *richtig* gelesen, wie ich an den Anstreichungen und Eselsohren erkennen kann, die sich in Abhandlungen über Lebensformen des Mittelalters ebenso finden wie in Studien über die Geburt der Klinik oder die Entstehung von Versicherungen, in der übelriechenden Gesamtausgabe von Marx und Engels, in sämtlichen Schriften von Freud und Benjamin, in den Büchern von Sedlmayr und Ingarden, Lévi-Strauss, Panofsky, Adorno oder Blumenberg – von meinen Lieblingsschriftstellern gar nicht zu reden. Ich war mit achtzehn Jahren – trotz meiner Neigung zu Sentimentalität und surrealistischen Gedichten und der Ahnung meines frühen Todes in geistiger Umnachtung – mit Canetti der Ansicht, so lange am Leben bleiben zu *müssen*, bis ich alle wesentlichen und ein paar unwesentliche Bücher gelesen hätte. Dieses Paradox konnte ich mühelos aushalten: Tagsüber, wann und wo immer möglich, las ich die Bücher der Aufklärung, nachts schlich ich auf den dunklen Spuren von Leopardi und Cioran durch den Weltekel und schlief dann erschöpft mit dem Seufzer »Vom Unglück, geboren zu sein« ein. Von einer Nemesis Divina war mir damals nichts bekannt. An diese schönen, schönsten Jahre meines Lebens, von 1960 bis 1970, denke ich freudig zurück und ärgere mich darüber, daß jene Zeit heute fast ausschließlich in der Perspektive der intellektuellen Verarmung und politischen Verrohung wahrgenommen wird; meistens von Leuten, die sich damals politisch besonders dumm verhalten haben. Aber was der Dummkopf anfaßt, wird eben dumm.

Ich war, in einem ganz konkreten und gleichzeitig hoch emphatischen Sinne, ein Lehrling. Ich war das dankbare Gefäß, in dem sich alles sammelte. Kam ich, mit von der Druckerschwärze gefärbten Fingern, von der Arbeit – ich lernte gleichzeitig in einem Verlag und in einer Druckerei –, fuhr ich entweder in die Freie Universität, um Peter Szondis Vorlesungen über Hölderlin oder Karl Philipp Moritz zu hören oder Wilhelm Emrichs existentialistische Deutungen des Malte oder Kafkas, die stets am frühen Abend stattfanden und deshalb für mich erreichbar waren. Was tagsüber gelehrt wurde, erreichte mich nicht. Immerhin habe ich es auf vier oder fünf Vorlesungen gebracht und mir damit in meiner Biographie den Eintrag erschlichen: »Hörte nebenbei Philosophie an der FU Berlin«. Das ist reine Hochstapelei. Oder ich nahm den kürzeren Weg zur TU, wo mein späterer Freund Walter Höllerer menschenfängerisch alle Köpfe versammelt hatte, die für meine intellektuelle und literarische Bildung verantwortlich wurden: die Assistenten oder Privatdozenten Volker Klotz und Norbert Miller, Wolfgang Maier und Friedrich Knilli, die Gäste des von Höllerer gegründeten Literarischen Colloquiums – Nicolas Born und Hubert Fichte, Peter Bichsel und Peter Weiß, Günter Grass und Reinhard Lettau –, die in- und ausländischen Schriftsteller von Ingeborg Bachmann bis Witold Gombrowicz und, nicht zu vergessen, die Doktoranden von Hans Christoph Buch bis F. C. Delius – und schließlich habe ich diesem aufgeschlossenen Kreis außerordentlicher Begabungen auch die Freundschaft mit Friedmar Apel zu verdanken, ohne dessen Zutrauen zu meiner Arbeit ich wahrscheinlich nicht hier stehen würde. Sie könnten jetzt einwenden, der

Mann hat Glück gehabt, er ist ohne eigenes Verdienst in eine einmalige Konstellation gerutscht und hat sie für seine Zwecke mißbraucht. Ich könnte dem nicht widersprechen. Aber bevor Sie zu der Ansicht kommen sollten, mir den Doktorhut wieder wegnehmen zu müssen, will ich schnell darüber reden, *wie* ich diese Bekanntschaften genutzt habe.

Ich will nicht mit Benn behaupten, daß mir die lebendige, unmittelbare Beschäftigung mit Literatur einen »habituellen Ekel vor den Aktualitäten des öffentlichen Lebens« eingebracht hätte, aber ich wurde über dem Lesen von Literatur doch zusehends immun gegen die Einflüsterungen des politisch sich immer radikaler gerierenden Zeitgeists, der ja seinerseits nur ein Teil der Erzählung war, obwohl er als ihr Lautsprecher auftrat. Die großen und die kleinen Erzählungen, das stand damals fest, würden mein Leben bestimmen, und das keineswegs nur theoretisch inspirierte Gerede über das Ende der Literatur, das in jener Zeit auf der wackligen Grundlage der nur flüchtig zur Kenntnis genommenen Überlegungen Hegels zur Kunst der Antike aufkam und vulgär und brutal als Ende der bürgerlichen Kultur verbreitet wurde, wollte ich mit meinen bescheidenen Mitteln zurückweisen.

Es war damals in bestimmten Kreisen, zu denen ich Zugang hatte, durchaus nicht ungefährlich, wenn man bekannte, Gedichte zu lieben und womöglich auch noch zu schreiben. Gedichte schrieb und las der Klassenfeind. Aber es gab gottlob auch andere, schon ältere »Revolutionäre«, wie zum Beispiel Herbert Marcuse, die so randvoll mit Bildung vollgestopft waren, daß eine Revolution Gott sei Dank nur unter Einschluß von Kultur denkbar war.

Aber was sollte *ich* tun? Was konnte ich tun?

Damals hatte ich die vage, aber alarmistische Vorstellung, daß durch dieses abfällige Gerede über Kultur und dessen Eingang in die Köpfe von Lehrern und Schülern ein Bruch entstehen mußte in der Wahrnehmung von bürgerlicher Tradition, der uns, die Gesellschaft, für lange, wenn nicht für immer von unserer Literatur trennen würde. Im Deutschunterricht, das war der Höhepunkt des Skandals, wurde, mit genauester theoretischer Begründung auch von Seiten der progressiven Germanistik, die BILD-Zeitung gelesen. Es ist und bleibt die Schuld meiner Generation, damals nicht für Goethe und Schiller, für Hölderlin und Mörike, für Kafka und Robert Walser auf die Straße gegangen zu sein. Wir ließen es geschehen, daß in der Germanistik und dann auch in der Schule der unsäglichste, primitivste Unsinn als Literaturvermittlung und Literaturwissenschaft ausgegeben und verbreitet wurde. Ich entsinne mich noch gut an eine mit allen trüben Wassern der marxistisch-leninistischen Lehre durchtränkte junge Philologin, die uns allen Ernstes ein kleines Gedicht von Goethe als präzisen Ausdruck der Klassenlage im 18. Jahrhundert interpretierte: Über allen Wipfeln, also oben, wo der Adel lebt und herrscht und ausbeutet, herrscht Ruh – und so weiter.

Es war furchtbar. Es war empörend. »Literaturgeschichte – so heißt es 1967 in der Konstanzer Antrittsvorlesung von Hans Robert Jauss – ist in unserer Zeit mehr und mehr, aber keineswegs unverdient in Verruf gekommen.« So war es. Und sie hat sich nie wieder ganz davon erholen können. Daß auch der arme und von mir verehrte Poetik- und Hermeneutik-Jauss in Verruf kommen sollte, war damals noch nicht absehbar, obwohl es meine Generation war, die mit Eifer im braunen Erdreich nach den völkischen Wurzeln der deutschen Philologie buddelte – und mehr als fündig wurde. Auffallend war die strikte Humorlosigkeit, mit der in den sechziger Jahren die Literatur nach geeigneten Stellen abgesucht wurde, der Mangel an Temperament und Eleganz, die Abwesenheit von Freude und Spiel, auch von Trauer darüber, daß die Texte, die eben noch leuchteten, in der verbiesterten Engführung von Kunst und Politik ihren Geist aufgaben und erloschen. In jener grauen Vorzeit von 1970 ging etwas kaputt, was nie wieder zusammengeleimt werden konnte.

Warum gerade eine sozialistische Gesellschaft, wie wir sie uns vorstellten, auf bestimmte literarische Bilder verzichten sollte, wollte mir nicht in den Kopf. Wie kam Georg Lukacs dazu, die Lektüre der Bücher meines bevorzugten Schriftstellers Franz Kafka verbieten zu wollen? Was hatte den hochgebildeten Wolfgang Harich, mit dem ich einige Jahre befreundet war, dazu gebracht, Nietzsche für den Giftschrank zu empfehlen? *Diese* Seiten in der Geschichte der Literatur, die solchen Unsinn verbreiteten, sind heute geschwärzt. Man erinnert sich kaum mehr daran. Aber warum schreibt keiner der vielen tausend Germanisten diese unerhörte Geschichte auf? Warum gibt es keine intelligente Monographie über die Tragödie des genialen Lukacs und seine ebenso klugen wie verachtenswerten Schüler? Warum gibt es keine Studie über die ausgegrenzte Literatur? Darüber, warum sie ausgegrenzt wurde? Und warum gibt es keine anständige Untersuchung über die andere Seite, über die »rechte« Literatur, die ja nicht nur aus Ernst Jünger bestand? Und die komplizierte Frage beantwortet, was vor 1933 und nach 1933 literarisch rechts hieß? Und was diese Begriffe heute bedeuten? Und warum gibt es keine funkelnde Kritik der Literaturgeschichten, die dieses Problem immer auf die leichte Schulter genommen haben? Wenn der Geist und das Soziale, wie wir damals lernen sollten und wollten, zusammengehören, dann braucht es Bücher, die diesen Zusammenhang erklären. Aber ich fürchte, kein Mensch interessiert sich heute mehr dafür. Nur für was interessiert sich die Literaturwissenschaft? Wenn es zu den Prämissen unseres Literaturverständnisses gehört, daß das Erzählen ein Mittel ist, sich der eigenen Identität zu versichern, dann ist es ein Jammer, daß wir freiwillig auf einen großen Teil der Nacherzählung der eigenen Geschichte verzichten. Oder wird dieser Mangel gar nicht mehr als solcher empfunden? Fällt es nur Außenstehenden auf, daß sich die Literaturwissenschaft mehr und mehr mit sich selber beschäftigt und weniger und weniger mit ihrem eigentlich Gegenstand, der Literatur? Über der merkwürdig närrischen Liebe zu »zusammenhangorganisierenden sprachlichen Partikeln bei Hölderlin«, zu den »Problemen der illokutiven Kraft einer Sprachhandlung« und, nicht zu vergessen, »zur lyrischen Transgression der Diskursschemata und der Vervielfältigung der simultanen Kontexte des lyrischen Diskurses mit der Folge von Diskurskomplexität, deren Identität allererst einlösbar ist im Hinblick auf die Figur des lyrischen Subjekts, das so zum Fluchtpunkt des problematischen Diskurses wird« – über dieser liebevollen Hinwendung zu bizarren Fragestellungen ist das endgültige Auseinanderdriften von Literaturwissenschaft und Literatur vollzogen worden. Vielleicht kann ich hier einfügen, daß es zum Beispiel fast unmöglich ist, einen Herausgeber für eine kommentierte Lese-Ausgabe der Werke Kleists zu finden, weil alle in Frage kommenden Kandidaten sich außerstande sehen, über den von ihnen selbst erzeugten Schatten der Textkritik zu springen. Also wird Kleist nicht mehr gelesen. Ist dieser Bruch von Literaturwissenschaft und Literatur wirklich endgültig? Kein Grund zum Heulen, werden Sie sagen. Gewiß nicht – wo alles zum Heulen ist, soll man sich über partikulare Heulreize nicht lange aufhalten –, nur sollte man sich darüber im klaren sein, daß eine Rückkehr von diesen Extremen kaum noch denkbar ist. Literatur, gerade aus dem Eisen der Sozialgeschichte befreit, ist in dieser Perspektive nur noch Anlaß für allerhand eigentümliche diskurstheoretische Überlegungen – aber als Literatur ist sie ihrer Wissenschaft abhanden gekommen. Zuerst hat die Ideologie, dann der Diskurs die Literatur zermahlen; das muß man auch in der Folge der eigentümlichen Verbotsschilder sehen, die meine Generation an der breiten Straße der Literatur und der Kunst aufgestellt hat: Zuerst sollte der Roman verboten werden, dann die Lyrik, auch die Melodie, später das Schöne an sich, von anderen Dingen wie zum Beispiel der Biographie gar nicht zu reden. Auch man selber, als bürgerliches Subjekt, wurde abgeschafft. Man lebte zwar biologisch weiter, weil man eben nur diskurs-theoretisch abgeschafft worden war, aber doch mit verminderter Kraft und mit schlechtem Gewissen. Wir sind nur Zigeuner am äußersten Rand des Universums und werden demnächst abgeschüttelt werden – dieser viel zitierte Schlußsatz von Jacques Monods *Zufall und Notwendigkeit* ließ sich ja auch als ein versteckter Aufruf zur Bequemlichkeit lesen, denn vor dieser rhetorischen Drohkulisse waren sowieso alle Bemühungen für die Katz. Wir sind nur eine Schrift im nassen Sand und werden mit der nächsten Welle gelöscht, dieser Sirenengesang wurde und ist in manchen Kreisen immer noch populär. Noch kürzer hatte es, Cioran ironisch eindampfend, Hans Blumenberg gesagt: Morgens beim Blick in den Spiegel die Frage: Warum noch rasieren? So kurz, so furchtbar: Aber es war eben auch der von mir geradezu geliebte Hans Blumenberg, der mit seiner Metaphorologie nichts anderes demonstrieren wollte als den von Menschen immer wieder neu gestalteten Versuch, trotz dieses Blicks in den Spiegel am Leben zu bleiben. Wenn ich manchmal nachts mit ihm telefonierte, trug ich ihm meine Sorge vor, daß er auch wirklich alle Spiegel in Altenberge verhängt hatte.

Es gibt nur dieses eine kurze Leben.

Nun, ich will Sie nicht mit dem langweilen, was Sie schon kennen, sondern aus gegebenem Anlaß lieber noch kurz mit mir. Um nicht einzugehen, mußte ich, der Drucker und Buchhändler mit Ambitionen, aus dem dichten Schatten der Theorie treten, aus dem Schatten der Verbotsschilder und des nicht enden wollenden Endens. Ich gründete mit Freunden meine erste Zeitschrift, die »Diagonale«, die Sie nicht kennen und zu Ihrem Glück auch nicht mehr kennenlernen können, mit Klaus Wagenbach gab ich über zwei Jahrzehnte den »Tintenfisch« heraus, seit fast drei Jahrzehnten bin ich für die »Akzente« verantwortlich. Ich schrieb Kritiken für meinen lieben Freund Karl Heinz Bohrer, damals bei der FAZ, für DIE ZEIT, die Frankfurter Rundschau und für den Rundfunk, ich kümmerte mich um die Poesie, die unbedingt vor dem Verstummen und von der Politik gerettet werden mußte, veranstaltete Symposien und gründete mit Freunden Literaturpreise und wurde in meinem zunächst ganz naiven Eifer nach und nach eine vielleicht nicht besonders originelle, aber immerhin verläßliche Nummer im Betrieb, der ja auch *nach* Adorno und seiner Theorie der Affirmation weiterlief, weiterlaufen mußte. Es ging mir, kurz gesagt, darum, daß die Antwort auf die Frage, ob eine weitere Rasur sich lohne, hinausgeschoben wurde. Es ging mir darum, der ignoranten Welt mitzuteilen, daß *nur* in der Literatur – und nirgends sonst – so viel von uns selber aufgehoben ist. Daß wir nur in der Literatur – und nicht in den anderen Medien – erfahren können, wie wir leben wollen. Wie wollen wir leben? Welche Vorstellungen von Leben können und wollen wir entwickeln – von nichts anderem handelt die Literatur. Ist das so schwer zu verstehen?

Das war meine Initiation, damals in den sechziger Jahren. Der Rest, die letzten vierzig Jahre, waren Arbeit, harte Schule, Insistenz. Insistenz ist allemal heilsam, hatten wir gelernt. Und ich gewann Freunde innerhalb und außerhalb des Verlags.

Heute bin ich naturgemäß skeptischer. Ich selber habe als Verteidiger, als Liebhaber der Literatur zwar wenig von meinem Elan verloren – schließlich lebe ich von ihr! –, aber ich weiß natürlich, daß sie bei der Frage, wie die nächsten Generationen leben wollen, keine Königsrolle mehr spielen wird. Offenbar will oder muß man anders leben, schneller, dynamischer, vitaler, egoistischer, selbstvergessener, um in einer stupider gewordenen Gesellschaft, die sich ganz ohne Ironie Wissensgesellschaft nennt, zu überleben. Die Literatur wird in dem immer unwohnlicher werdenden

Haus der Wirklichkeit schon eine Ecke finden, wo man sie in Ruhe lassen wird. Eine Schwermutsecke.

War das also alles?

Nein, natürlich nicht!

Und was können wir tun?

Meine Damen und Herren. Als ich hörte, daß mir in Bielefeld ein Ehrendoktor verliehen werden sollte, mußte ich zunächst an Jena im Ausgang des 18. Jahrhunderts denken: an Hegel, Fichte, Schiller, Schlegel – und wie diese Geistesriesen in dieser Universität hier in anderen Körpern wiederauferstanden sind, in Luhmann, von Hentig, Weinrich, Wehler, Koselleck und Bohrer, um nur die zu nennen, die heute nicht anwesend sind. Ich bekam rote Ohren, ein Kratzen im Hals, eine akute Beinschwäche, Schwindelanfälle und andere Unpäßlichkeiten. Warum denn ausgerechnet ich, wollte ich rufen, es kam aber kein Ton heraus. Ich habe doch nur das Selbstverständliche getan! Und wer interessiert sich schon – trotz meiner Arbeit – für die Poesie? Da fiel mir ein Satz ein, den ich kürzlich gelesen hatte und der mir geradezu wie eine Definition für die Notwendigkeit von Literatur dünkte: Den will ich als Eselsbrücke benutzen, um dann in aller Bescheidenheit Ihnen für Ihre Aufmerksamkeit zu danken. Er lautet:

»Das Licht, in dem wir unser säkulares Leben führen, macht uns für gewisse Einsichten blind. Manche Wahrheiten lassen sich nur im Dunkeln erblicken. Das ist der Grund, weshalb man sich in Augenblicken höchster Not an diejenigen wenden muß, die durch die Düsternis sehen können.«

Das sind, ich brauche es nicht eigens zu betonen, die Dichter.

Dr. h. c. zwei

Als ich kürzlich diese kleine Dankrede hier aufschreiben sollte – wollte – mußte –, um irgendwie angemessen auf die überwältigende – und wenn es nicht so konventionell kokett klingen würde, hätte ich natürlich gesagt: unverdiente – Ehre zu antworten, die Sie mir mit der Verleihung der Ehrendoktorwürde erwiesen haben, spürte ich geradezu peinigend physisch, wie mich alle wichtigen, für diesen Anlaß richtigen Worte verließen, sich versteckten, nicht mehr zur Verfügung standen. Aus einem unglücklichen Perfektionisten war ein unglücklicher Stotterer geworden. Das war – ich bin immerhin schon über sechzig Jahre auf der Welt – lange nicht mehr geschehen. Normalerweise – und besonders in meinem Hauptberuf – kann und muß ich mich stets halbwegs verständlich machen, um meine Arbeit zu tun und zu rechtfertigen. Ich rede buchstäblich täglich – auch an den Sonn- und Feiertagen – mit den Kollegen, mit Autoren, Übersetzern, Buchhändlern, Kritikern und vielen anderen Personen, denen ich unsere Arbeit und die Arbeit der Autoren erklären, unsere Absichten verdeutlichen möchte, und ich hatte nie den Eindruck, daß mir diese – nicht immer lästige, manchmal sogar schöne – Erklärungsarbeit schwergefallen wäre. Routine. Man redet. Es redet. Ein Liebhaber der Literatur redet, ein Verteidiger des

Schönen, morgens redet ein Enthusiast, abends ein müder Enthusiast, sogar im Schlaf wird noch geredet, dann wieder redet es. Aber sich ausgerechnet in Tübingen öffentlich redend bedanken zu sollen, das hatte mir offensichtlich die Sprache verschlagen. Plötzlich merkte ich: Du bist alles andere als ein Profi.

Keine Angst, ich beginne jetzt nicht zu stammeln wie der große Demosthenes, der ans Meer ging, um mit dem Schlagen der Wellen sein Stottern zu beheben. Und wenn Sie sich insgeheim schon einen Skandal erträumt haben, muß ich Sie auch enttäuschen. Bei der Suche nach dem Grund für diese Sprachhemmung – übrigens ein schönes literarisches Thema, denken Sie nur an das Stottern bei Liebesangelegenheiten, wenn die leidenschaftliche Rede sich selbst unterbricht –, fiel mir eine Szene wieder ein, die etwas mit der, wenn auch nur am Rande mit dieser Universität hier in Tübingen zu tun hat.

Es war nach dem Abitur, das ich, wie die ganze Schule, eher lustlos hinter mich gebracht hatte, und mein lieber Vater – viel erleichterter über meinen Schulabschluß als ich selbst – frug mich, das jüngste seiner vier Kinder, was ich denn nun zu studieren gedächte. Ich fürchte, er rechnete mit dem Schlimmsten, jedenfalls hatte sein Gesicht, als er in aller Freundlichkeit die Frage formulierte, bereits einen Ausdruck angenommen, als hätte ich schon gesagt: Natürlich Philosophie und Literaturwissenschaft, was denn sonst.

Mein Vater war Jurist im Postdienst, sprach selbst noch im hohen Alter mit seinen Freunden so einigermaßen Griechisch und Latein, las gerne historische Bücher und Fontane und Kleist, schrieb mit einer gewissen Freude und Regelmäßigkeit Vorträge zu kulturhistorischen Themen und konnte morgens unmittelbar nach dem Erwachen in einer für den Rest der Familie unbegreiflichen Hyperaktivität das Klavier traktieren, was meistens wie Tschaikowsky klingen sollte. Sein ältester Sohn hatte Germanistik studiert, seine einzige Tochter brachte Berliner Kindern Deutsch und Französisch bei, mein zweitältester Bruder, der Musiker in unserer Familie, der in Ermangelung einer Orgel mit einem Staubsauger ein Harmonium betrieb, mußte, wahrscheinlich aus Gründen der Disziplin, Jura studieren – und schließlich also ich. Was bitte willst du studieren? Lähmende Stille. Sämtliche Worte hatten sich zurückgezogen oder mich bereits für immer verlassen. Normalerweise sprechen wir so, als gehöre uns die Sprache, als stünde es in unserer Macht, mit ihr umzugehen, wie uns gefällt. Nur die Schriftsteller haben uns immer wieder daran erinnert – Kafka zum Beispiel lebenslang –, daß diese Verfügungsgewalt kaum einer ausüben kann. Die Sprache ist so unendlich reich, daß wir nur immer ihre Oberfläche bemühen, um unsere Erfahrungen auszudrücken. Ihr Grund ist von Menschen nicht zu erreichen. Wenn wir merken, daß sich etwas nicht so ausdrücken läßt wie beabsichtigt, machen wir schnell Umwege – und manchmal sind die Umwege so weiträumig, daß wir nicht mehr zurückfinden. Wir bleiben im Dickicht der Sprache hängen – und schweigen. Damals, als mein Vater mir die Frage stellte, gab es noch Sofas mit dicken Polstern, in denen man versinken konnte, also versank ich statt im Erdboden stumm und gepeinigt in den weichen Polstern des Sofas, das mir an so vielen Nachmittagen der liebste Ort für ausschweifende Lektüren gewesen war, und das uns, der Familie, abends die harten Stühle der Hörsäle ersetzte, wenn wir im dritten Programm des SFB den großen Erzählungen der damaligen Zeit, aller Zeiten lauschten. Das Radio war meine Universität. Auf diesem Sofa habe ich Ernst Blochs Tübinger Einleitung in die Philosophie gehört, mit der von ihm so schön gebrummten ersten Sequenz: »Ich bin. Aber ich habe mich nicht. Darum werden wir erst.« – aber auch eine Gesamtaufnahme des *Berlin Alexanderplatz*, gesprochen von Hannes Messemer, viele Vorträge der damals großen Denker, zum Beispiel von Adorno, aber auch die Neunte Symphonie von Beethoven in einer Direktübertragung aus Japan und mit einem japanischen Chor, der uns Provinzler in einen so heftigen Lachkrampf verfallen ließ, daß ich jahrelang dieses grandiose Musikstück nicht mehr hören konnte.

Darum werden wir erst: Zunächst aber einmal wußte ich nicht, was ich werden wollte, was ich studieren sollte.

Nein, ich wußte wohl, was ich studieren wollte, aber ich war nicht in der Lage, es auszusprechen und zu begründen, weil mir die Worte nicht zur Verfügung standen. Ich brachte nicht heraus: Philosophie, Philologie, Ästhetik. Ich konnte nicht sagen: Ich will die Sehnsucht nach Schönheit studieren und warum wir sie immer verfehlen. Es kam mir nicht über die Lippen, weil ich mich schämte. Vor dem Heiligen ist man stumm, basta. Das uns ablenkende Leben macht uns gesprächig, das Heilige zwingt uns zur Ruhe. Wie ein elender Hochstapler kam ich mir vor, wie ein lächerlicher Lump. Warum sollte ich Philosophie studieren dürfen, das Höchste, das für mich denkbar war? In meiner Klasse wollten, wenn ich mich richtig erinnere, die meisten Medizin oder Jura studieren, einige gingen an die Technische Universität, um Maschinenbauer zu werden, alles sehr handfeste Berufsvorstellungen mit guten Aussichten, denn noch hatte das Land eine glänzende Zukunft vor sich, noch war die Betriebswirtschaft nicht zum geistigen Zentrum der Alma mater geworden, noch hatte die Zahl nicht triumphal über den Geist gesiegt.

Um es kurz zu machen: Da der Mensch das einzige bekannte Lebewesen ist, das immer etwas stattdessen tut, wie es bei Odo Marquard heißt, studierte ich nicht Philosophie und Philologie in Tübingen, wie ich es mir erträumt und wie es mein Vater wohlwollend befürchtet hatte, sondern gar nichts. Und um die Angelegenheit noch schlimmer zu machen, einigte ich mich mit mir selber auf einen faulen Kompromiß – ich wurde Lehrling in einer Verlagsbuchhandlung, absolvierte gleichzeitig an der Fachhochschule für das Druckgewerbe eine Ausbildung als Drucker und ging, aber nur, wenn sie nach 18.00 Uhr stattfanden, als Gasthörer zu Vorlesungen in die Universität, wo ich unter anderem bei Wilhelm Emrich eine Kafka-Einführung belegt hatte und Peter Szondi über Hölderlin hören durfte – und über Karl Philipp Moritz, dessen *Anton Reiser* ich damals auf allen Bus- und S-Bahn-Fahrten mit einer Hingabe gelesen habe, die man getrost als pathologisch bezeichnen darf: Ich wollte, in all meiner Unklarheit, der arme, gedemütigte Anton Reiser sein, aber gleichzeitig natürlich der Hyperion des Friedrich Hölderlin, der mit den Deutschen ins Gericht geht – und ich litt wie ein Hund unter der bedrückenden Vorstellung, mein Leben sei eine Kette von falschen Entscheidungen, mit anderen Worten: verpfuscht. »Der

Mensch« – las ich kürzlich in Hans Blumenbergs postumer *Beschreibung des Menschen* – »ist das Wesen, das sich, so wie es sich mißlingen kann, als mißlungen zu empfinden vermag.« Ja, damals fühlte ich mich mißlungen, im Innersten ge-, wenn nicht gar zerstört, weil ich es nicht gewagt hatte, mich der Alma mater in die Arme zu werfen. Meine Achtung, meine grenzenlose, im Verzicht sich immer noch steigernde Hochachtung vor der Philosophie hatte mich, meine intellektuellen Kapazitäten bedenkend, zum Feigling gemacht, zum Ausweicher, zum Gasthörer, der sich, mit von der Druckerfarbe noch schmutzigen Fingern, bei Szondis ruhelosen, die Syntax Hölderlins nachbildenden Gängen in die letzte Reihe drückt und verlegen mit ansehen muß, wie die »richtigen« Studenten mit professioneller Hingabe zuhören und Punkte sammeln: Sie gehörten dazu, ich nicht. Es hätte schon einer gehörigen Portion intellektueller oder poetischer Arroganz bedurft, dieser Demütigung, nicht dazuzugehören, eine andere Wende zu geben. Aber diese Kraft hatte ich nicht. Ich schrieb Gedichte – aber ich hätte nie den Mut gehabt, sie einer dieser Germanistikstudentinnen zu zeigen. Damals kam es noch vor, daß den schönen Studentinnen bei Szondi – heute genauso alt wie ich –, wenn von Diotima die Rede war, Tränen in die Augen stiegen – ein Anblick, der in der von Drittmittelbeschaffungskämpfen gebeutelten Universität von heute wahrscheinlich nicht mehr zu beobachten ist.

Ich ahne, nun kommen Ihnen die Tränen – ob es Tränen über mein vermeintlich verpfuschtes Leben sein werden oder ob sie sich dem unterdrückten Lachen verdanken über meine naiv-spinnwebenhafte Vorstellung von Philologie und Philosophie, will ich hier nicht erörtern: Tränen selber sind ja zunächst einmal neutral, aufgrund von heftigen Reizungen aus den Augen tretendes Wasser. [Hier muß ich ein Notabene einfügen, andeutungsweise: Mit dem verehrten Paul Hoffmann und seiner lieben Frau hatte ich hier in Tübingen, nach einer Lesung, ein langes Gespräch über die Frage, ob Goethe je richtig und ausgiebig und von Herzen geweint habe – und ich hatte mich zu der gewagten These verstiegen, dafür gäbe es nur einen einzigen Beleg: als nämlich der an Goethes Krankenbett geeilte Zelter dem Verfasser der Marienbader Elegie dessen eigenes Gedicht vorlesen mußte; da kamen Goethe, als er sein eigenes Liebesverzichtsgedicht hören mußte, die Tränen. Sonst nie. Sohn stirbt, Frau stirbt, Schiller stirbt – aber Eckermann erwähnt keinen Augenfluß, so meine These. Die Hoffmanns, natürlich gebildeter als ich, waren ganz anderer Meinung.]

Zurück zu mir: Ich habe gelitten. Nein, nicht unter der Lehrzeit, in deren Verlauf ich lernen konnte, wie man mit zunächst wildfremden Menschen auskommen kann, weil auskommen muß, die – anders als in der normalen Familie – so extrem andere Ansichten haben als man selber, daß man sich wundert, daß und wie man es mit solchen Menschen länger als eine Stunde aushalten kann, ohne sich zu massakrieren. Mein Gott, was waren das für Typen in diesem bis 1961 noch durchlässigen Berlin, die in meinem kleinen Lehrverlag arbeiteten: Ressentimentgeladene Westler, die den Ostlern nichts gönnen wollten; neidische Ostler, die alles unter dem Gesichtspunkt von Haben und Nicht-Haben sahen; offene und notdürftig maskierte Nazis; Leute mit und Leute ohne Fernseher;

mit und ohne Beziehungen; mit und ohne Wohnwagen; Kollegen, die im Urlaub nach Spanien fuhren, drei Tage im Volkswagen bei sengender Hitze, und andere, die tapfer das gemütliche Holzhäuschen auf Amrum verteidigten – und so weiter und so weiter: Fünfzehn Jahre nach Kriegsende formierte sich, auch in Berlin, wenn auch auf einer tieferen, spießigeren Ebene als in der Bundesrepublik, dieser seltsam aggressiv-totalitäre Anspruchsgeist der umfassenden materiellen Wunscherfüllung, der der eigentliche Motor unserer Gesellschaft war – und der uns, wie man weiß, von unseren Brüdern und Schwestern auf der anderen Seite der Grenze unterschied, die überhaupt keinen Motor hatten, weder im Auto noch im eigenen Leibe –, und wenn nicht 1968 ff. gewesen wäre, der Dämpfer in unserer – moralisch gesprochen: unverdienten – geschichtsphilosophischen Glückssträhne, nichts hätte uns mehr bremsen können. Vielleicht litt ich deshalb. Vielleicht habe ich deshalb 1968 ff. zunächst als großes Glück empfunden, weil es der letztmögliche anarchisch hilflose dumme Einspruch gegen eine geist- und stillose Welt war, die sich anschickte, auf Hölderlin und die Philosophie verzichten zu wollen. Als sich dann herausstellte, daß der pathetische Slogan »Die Phantasie an die Macht« zunächst gegen die durch abschreckende Beispiele entwertete politische Ökonomie orthodox-marxistischer Prägung und nicht viel später durch die hemmungslose Aufforderung »Mach kaputt, was dich kaputt macht« ersetzt wurde, hatte ich mich bereits vollends in die Literatur geflüchtet. Die Vorstellung, im Westen Pascal aus diesen oder jenen Gründen nicht lesen zu sollen und im Osten Nietzsche aus den bekannten Gründen nicht lesen zu dürfen, kam mir absurd vor. Es gab einen Punkt in meinem Leben, aber das war später, als mich ein solcher Widerwille gegen die überall und zu jeder Gelegenheit operierende Kanonspolizei erfaßte, daß ich lieber klandestine, ganz und gar abseitige Autoren zu studieren begann als diejenigen, die man aus welchen Gründen auch immer gelesen haben mußte. Hatte ich mir das selber beigebracht, wurde mir das beigebracht von meinen heimlichen Lehrern? Ich hab's vergessen. »Was wir von uns selber wissen und im Gedächtnis haben, so Nietzsches These, sei für das Glück unseres Lebens nicht so entscheidend, wie man glaube, denn: ›Eines Tages stürzt das, was andere von uns wissen (oder zu wissen meinen) über uns her – und jetzt erkennen wir, daß es das Mächtigere ist‹« (Blumenberg).

Die Lehrzeit also war alles andere als verloren und verlogen, nur war sie eben auch alles andere als ein Studium. Als mir das klar wurde, war es schon zu spät. Ich mußte fortan mein eigenes Studium beginnen, mein durch gewaltige Lücken gekennzeichnetes Lektürepensum abarbeiten, mich durch den unübersehbaren Berg von Buchstaben fressen, den jeder vor Augen hat, der einmal unvorsichtigerweise die Tür zu einer Bibliothek geöffnet hat. Borges war der eigentümlichen Meinung, dieser Berg sei das Paradies. Ich schloß mich oftmals seiner Meinung an.

Ich erhielt einen Job in London. Im Herzen des Herzens des Empire sollte ich mit zwei Kollegen eine internationale Buchabteilung in dem berühmten Kaufhaus Harrods an der Knightsbridge aufbauen. Also besorgte ich mir eine Geistes- und eine Literaturgeschichte Englands und schrieb mir etwa fünfhundert Namen und

Werke heraus, mit denen ich mich in den folgenden zwei Jahren beschäftigen wollte, alles in allem etwa 250.000 Seiten, beginnend mit einer solide kommentierten Shakespeare-Ausgabe und mit Chaucer, endend mit den großen Iren Joyce und Beckett, mit deren Lektüre ich schon in Berlin begonnen hatte. In London stellte sich alsbald heraus, daß meine Kenntnisse von Walter Pater oder Ruskin oder Carlyle überhaupt nicht gefragt waren, im Gegenteil, meine Kollegen fühlten sich brüskiert, wenn ich es ablehnte, mich der Gegenwartsliteratur zu widmen und stattdessen ostentativ über die subtilen Zusammenhänge zwischen Humor und Melancholie bei Shakespeare schwadronierte, wie ich sie in Panofskys, Klibanskys und Saxls Buch über *Saturn und Melancholie* aufgeschnappt hatte.

Ich lernte eine der wichtigsten Lektionen meines Lebens: Gib nie mit deinen Lesefrüchten an, behalte sie für dich, sie sind für dich wichtiger, und sie bleiben dir länger, wenn du sie nicht fortwährend feilbietest. Also las ich mit schlechtem Gewissen die Gesammelten Werke von Ian Fleming, weil er bei uns Kunde war, ein netter Herr, wie meine Mutter ihn genannt hätte, dessen neue Bücher über James Bond immer in den Sonntagszeitungen besprochen wurden und am Montag gegen Mittag bereits vergriffen waren; ich las ein paar hundert Krimis und blätterte lustlos in den Romances, die von allen älteren Herrschaften unter den Kunden geliebt wurden, nicht zuletzt vom Librarian of the Queen, der andererseits meinen Enthusiasmus für »The Strudlhof Steps« von Heimito von Doderer oder »The Third Book about Achim« von Uwe Johnson partout nicht teilen mochte.

Man muß schon ein spanischer Rabbiner des 15. Jahrhunderts oder ein blinder argentinischer Dichter des 20. Jahrhunderts sein, um Ian Fleming, die Romances, Ruskin und Doderer lediglich als verschiedene Möglichkeiten des einen universellen Spiels mit Worten anzusehen.

Sie werden einsehen, daß ich mein ideales Projekt der Selbsterziehung für gescheitert ansehen mußte. Aus einem hochherzigen Verehrer von Wordsworth, Swinburne, Coleridge und Hardy war im Handumdrehen und wider Willen ein lausiger Spezialist für Kriminalromane geworden, der seinen Kunden erklären konnte, ob der Handlungsverlauf eines Romans mehr nach Agatha Christie oder nach Dorothy Sayers tendierte; und aus dem eifrigen Studium von Adam Smith, Hume und Hobbes wurde ein gelangweiltes Blättern in Büchern über Gardening, Sailing und Collecting, weil von diesen drei mir ganz und gar fremden Tätigkeiten der englische Nationalcharakter abzuleiten war, den ich kennen mußte, um meine Klientel richtig einzuschätzen. Aber so dumm es auch klingen mag: Ich wollte nichts über Collecting wissen (weil ich ohnedies kein Geld hatte) und nichts über Sailing (weil ich nicht segeln konnte), nichts über Crikket und nichts über Tennis – nicht zuletzt deshalb übrigens, weil in London gerade die Popmusik erfunden wurde.

Zu dieser Zeit lernte ich über Erich Fried gottlob Elias Canetti kennen, der mir damals auf seine unnachahmlich intensive Art zwei Dinge beibrachte: Erstens soll man tunlichst so lange auf der Welt bleiben, bis man sämtliche für einen persönlich wichtigen Bücher gelesen habe, also sehr lange; und zweitens wird man leider nicht so lange auf der Welt bleiben, um auch nur einen Bruchteil dessen lesen zu können, was zur elementarsten Selbstbildung und zur Distinktion notwendig wäre, also nichts. Ich war damals wahrscheinlich zu schüchtern, um Canetti die Frage zu stellen, warum man denn so lange lesend auf der Welt bleiben solle, um am Ende eben doch buchstäblich un-belesen in die Grube fahren zu müssen, denn von der Lösung dieses Paradoxons hing – so glaubte ich – mein Leben ab. Auch der alte Canetti hat es nicht gelöst. Damals kannte ich noch nicht den Satz, der am Anfang und wohl auch am Ende jeder skeptischen beziehungsweise vernünftigen Anthropologie steht: »Der Mensch weiß nicht, was er ist, er weiß nicht, was er denkt, er weiß nicht, was er weiß. Wie sollte da verwunderlich sein, daß er auch so oft nicht weiß, was er tut? Und weshalb sollte er wissen, was er kann?« (Blumenberg)

Meine Damen und Herren – ich mußte mich entscheiden, ob ich, der Nichtstudierte, der chaotisch zwischen den aufgeschlagenen Büchern herumtorkelnde Enthusiast weiter alleine mein utopisches Abendprogramm verfolgen – oder ob ich auf eine andere Strategie setzen sollte.

Ich habe, wie Sie wissen, auf das – wenigstens für mich – offenbar beste Ausbildungs- oder Unterrichtssystem gesetzt, auf einen Verlag, auf eine Art Privatuniversität, an der ich nun bereits im achtzigsten Semester studieren darf, ohne daß mich ein einziger der Ausbilder je nach meiner Legitimation gefragt hat. Achtzig Semester Literatur, Literaturwissenschaft, Ästhetik, von Jugend forscht bis zum Seniorenprogramm. – Und ich bin stolz und glücklich darüber, daß einer der klügsten dieser mich ausbildenden Freunde,

Wolf Lepenies, mir heute in dieser schweren Stunde beisteht. Er hat mir zum Beispiel die drei Kulturen erläutert, mir Buffon vorgestellt, Comte übersetzt, Saint-Beuve verständlich gemacht oder mich in die Nemesisvorstellungen Linées eingeführt, in die metaphysische Unordnung unter den exakten Beeten seiner Klassifizierungen. Alles, was ich weiß und was ich weitergeben kann – und gelegentlich auch schon in Tübingen weitergegeben habe –, haben mir diese Freunde beigebracht; sie haben die Leselisten gefüllt und ergänzt und mir deutlich gemacht, daß stilistisch zwischen einem Schriftsteller und einem Professor kein Unterschied bestehen muß. Aber vor allem haben sie mir beigebracht, daß die Literatur viel umfassender und weiter ist als das kleine Feld des gegenwärtigen Interesses. Es gehört für mich zu den Unbegreiflichkeiten, daß die große deutsche Literatur des 20. Jahrhunderts auf wenige Namen zusammengeschrumpft ist und Autoren wie Hans Henny Jahnn oder Georg Trakl oder der schon erwähnte Heimito von Doderer im modernen Kanon keine Rolle mehr spielen, daß alle sich angesichts der Fülle auf den Mangel geeinigt haben; daß Literatur mehrheitsfähig gemacht werden soll; daß alle am liebsten das selbe lesen. Und sie haben mich getröstet, wenn ich vor den Kunstwerken sprachlos war und zu stottern begann, und haben mir gezeigt, wie man nach und nach die Sprache wiederfindet. Sie haben schließlich mein Interesse auf so viele Gegenstände gelenkt, daß ich bis an mein Lebensende gut versorgt sein werde. Und weil diese Freunde im Verlag und außerhalb des Verlages mit Titeln und Ämtern selbst so reich beschenkt sind, sehen sie gerne davon ab, daß ich den nun erhaltenen Ehren-Doktorhut in

lauter winzige Stücke zerschneiden muß und diese –
wie es sich eigentlich gehören würde – unter ihnen ver-
teile.

Meine Damen und Herren – wenn Sie sich jetzt fragen, was das alles mit Literatur zu tun habe, dann habe
ich mich schlecht ausgedrückt. Wenn Sie dagegen erwartet haben, von mir eine flammende Rede über das
Schicksal von Literatur im Zeichen von Internet und
Digitalisierung zu hören, dann muß ich Sie enttäuschen. »Mein Vertrauen in die Zukunft der Literatur«,
heißt es einmal lakonisch bei Calvino, »beruht auf
dem Wissen, daß es Dinge gibt, die einzig die Literatur
mit ihren spezifischen Mitteln zu geben vermag.« Dem
will ich nichts hinzufügen. Wenn der größte Teil der
Menschheit in unserem sogenannten postindustriel-
len Zeitalter auf das »Ausdrucks-, Erkenntnis- und
Imaginationspotential« von Literatur verzichten zu
können glaubt, dann ist dies Teil der deutschen, wenn
nicht der globalen Selbstenteignungstragödie, wie wir
sie gegenwärtig erfahren; und wenn meine Generation
’68ff. daran mitgewirkt hat, daß dieser Enteignungs-
prozeß ohne nennenswerten Protest über die Bühne
gegangen ist, dann müßte sie, wenn es eine Gerechtigkeit gäbe, dafür zur Verantwortung gezogen werden.
Aber keine Angst, keiner wird zur Verantwortung gezogen, weil den meisten eh alles egal ist, das ist das
essentielle Geheimnis der sogenannten Postmoderne.
Keiner nimmt Literatur mehr so richtig lebenswichtig.
So ist das. Weil der Mensch, außer offenbar, wenn es
um die Gesundheitsreform geht, sich selbst nicht mehr
so wichtig nimmt.

Bevor ich feierlich werde und Ihnen feierlich zumute
wird, breche ich ab. Ich schließe mit einem Zitat von

Friedrich Nietzsche aus seiner Schrift »Über Wahrheit und Lüge im außerordentlichen Sinne«, 1873:

»Was weiß der Mensch eigentlich von sich selbst! Ja, vermöchte er auch nur sich einmal vollständig, hingelegt wie in einem erleuchteten Glaskasten, zu percipiren? Verschweigt die Natur ihm nicht das Allermeiste, selbst über seinen Körper, um ihn, abseits von den Windungen der Gedärme, dem raschen Fluß der Blutströme, den verwickelten Fasererzitterungen in ein stolzes gauklerisches Bewußtsein zu bannen und einzuschließen?«

Das, was uns die Natur verschwiegen hat und trotz aller Anstrengungen und gewaltigen Kosten auch weiterhin verschweigt, erzählt uns die Literatur. So habe ich es bis zu diesem Tag hier in Tübingen dankbar erfahren und weitergegeben. Daß Sie so generös sind, mir für diese eigentlich jedem zugängliche Erkenntnis einen Doktorhut ehrenhalber aufzusetzen, dafür, bitte glauben Sie mir, danke ich Ihnen.

II
Über den Betrieb

Moby Dick und die Buchhändler

Ich glaube, es war der russische Dichter Joseph Brodsky, dem wir die schöne Einsicht verdanken, daß das Schreiben von Büchern nicht gerade jünger mache. Wer immer es war: Er hat recht. Wer sich einmal in die Briefe und Tagebücher von Schriftstellerinnen und Schriftstellern versenkt hat, dem fallen leicht mehrere gewichtige Anthologien der Klagen, der Verzweiflungen und anderer Verschleißfaktoren entgegen. Nicht nur der Kampf um das richtige Wort kann nur als titanisch bezeichnet werden, auch die Lebensumstände, die diesen schier aussichtslosen Kampf begleiten, sind in aller Regel deprimierend: Der eine greift zur Flasche, um sein Zittern angesichts der Unmöglichkeit, eine weitere Seite zu schreiben, zu beruhigen; der andere verläßt die Ehefrau, weil ihm in ihrer Gegenwart nichts mehr einfällt, um bei der Muse zu seinem allergrößten Kummer feststellen zu müssen, daß sie der Ehefrau in ihrer Werkvernichtungstendenz aufs Haar gleicht; Kafka fand alles, was er in nächtlichen Stunden sich abgerungen hatte, so unter allem Niveau, daß er verfügte, sein Freund Max Brod solle sämtliche Manuskripte nach seinem Tod vernichten; Hemingway, von Selbstzweifeln gebeutelt, gab sich im Morgengrauen die Kugel; Dostojewski brauchte als ultimativen Kick den Gang in die Spielbank, obwohl er im voraus wußte, daß er sie als noch ärmerer, von Schuld-gefühlen geschüttelter Mann verlassen würde. Gar nicht zu reden von dem französischen Komponisten und Musikschriftsteller Arcan, einem Freund von Proust, der von der vielbändigen Gesamtausgabe des Talmud erschlagen wurde, die er, völlig ausgelaugt auf der Leiter stehend, aus dem obersten Bücherregal holen wollte. Und Proust selber? Schwamm drüber. Ein Bündel von Allergien, Hypochondrien und Phobien, daß nur die Ärzte an ihm ihre Freude hatten. Mit anderen Worten: ein einziges, schillerndes Elend. Wir können Brodsky also nicht nur zustimmen, sondern müssen ihn noch pointieren: Schreiben macht nicht nur nicht jünger, im Gegenteil: Es beschleunigt den Verfall. Die große Geschichte der Psychopathologie des Schriftstellers ist noch nicht geschrieben, aber wir kennen Einzelfälle genug, die uns zu dem eindeutigen Befund bringen: Wer sich, seit es den freien Schriftsteller gibt, also seit rund zweihundertfünfzig Jahren, auf das Schreiben von Büchern einläßt, lebt gefährlich. Er hat das Scheitern vor Augen, das Insolvenzverfahren am Hals, das Versagen in der Seele und einen Vorgeschmack der Demütigung auf der Zunge. Er kann einpacken, aufgeben, einen Schlußstrich ziehen. Sein letzter Augenaufschlag vor dem Exitus trifft natürlich einen Kollegen, der unter all dem angeblich nicht zu leiden hat: Dieser veröffentlicht ein Buch nach dem anderen, heimst jedes Jahr einen Preis ein, feiert im Ausland Triumphe, und sein letztes Buch wird – die schrecklichste Demütigung für den Dahinscheidenden – auch noch vom ORF verfilmt. Was er, der zurückgesetzte und in seiner Not alleingelassene Autor nicht weiß, ist, was wir später aus dem Tagebuch des

Beneideten erfahren: Während der Abfassung seines Romans hat er nicht nur einmal den Strick in der Hand gehabt, hat sich seine Frau wegen seiner hartnäckigen Schweigsamkeit einen Liebhaber genommen, hat er mit dem ORF einen vernichtenden Rechtskampf ausfechten müssen, weil der Kern seiner Vorlage ins Gegenteil verkehrt wurde. »Ich bin«, lesen wir mit aufgerissenen Augen in seinem Tagebuch, »in diesen Wochen um Jahre gealtert, es ist fraglich, ob ich je wieder eine Zeile schreiben kann, man hat mich im Innersten getroffen, keiner ist schlimmer dran als ich. Wahrscheinlich werde ich mich umbringen.«

Trotz der zahlreichen psychologischen und psychoanalytischen Theorien, die sich mit dem Phänomen der abgrundtiefen Verzweiflung bei Schriftstellerinnen und Schriftstellern befassen, ist der Kern dieses Scheiterns seltsam dunkel geblieben. Ein schwarzes Loch in der Seele, das man zuschreiben muß, aber in einem Schreibleben nicht zuschreiben kann; ein Vater, der nicht aus Pappe, eine Mutter, die nicht aus Zucker ist – das sind alles sehr vorläufige Annahmen. Und windig sind sie dazu. Das mag damit zusammenhängen, daß es keinen Beruf gibt, der mit so wenig auskommt und eine so klare, kleine Ausgangslage hat: Es geht um Worte. Es geht um ein paar sehr überschaubare Buchstaben – nicht einmal dreißig –, die in unendlichen Variationen zusammengestellt werden. Es geht um Papier, das in jeder Papeterie zu erschwinglichen Preisen zu haben ist – und wenn das Geld fehlt, tut es auch ein Zeitungsrand oder die Rückseite der Steuermahnung, wenn sie nicht mit zu viel Kleingedrucktem gefüllt ist. Jedes Gedicht des 20. Jahrhunderts, von Gottfried Benn bis H. C. Artmann, paßt auf eine Gasthausrechnung – also wo liegt das Problem? Denn kein Buchhändler oder Leser würde in unstillbare Trauer versinken, wenn eines dieser Bücher, die unter so schmerzhaften Qualen entstanden, nicht erschiene. Oder besteht jemand auf vierzigtausend Neuerscheinungen? Müssen wir, wenn wir aufrichtig sind, den Schreibern nicht zuraten, sich einen anderen Job zu suchen, eine ordentliche Büroarbeit, die um 16 Uhr 30 endet? Wäre es nicht gesünder, wenn all die Gequälten und Mißachteten um fünf wieder zu Hause wären, um mit den Kindern zu spielen? Würden wir, würde die Menschheit etwas vermissen?

Bevor wir heimlich nicken und Einverständnis zeigen, sollten wir die Pointe von Brodsky vielleicht noch etwas erweitern: Nicht nur ist noch kein Schriftsteller vom Schreiben jünger geworden, sondern wahrscheinlich ist auch kein Leser vom Lesen jünger geworden. Im Gegenteil: Lesen ist anstrengend. Lesen macht müde.

Zu viel lesen ist schlecht für die Augen, für das Rückgrat, für die Haltung. Und das Schlimmste: Kaum hat man das Buch niedergelegt, hat man alles vergessen: Wie hieß der Graf, der der Frau mit dem roten Schal bei Proust den Hof gemacht hat? Wie hieß der unangenehme Kerl, der die Alte bei Dostojewski erschlagen hat und keinerlei Reue empfindet? Und war es Hanno Buddenbrook, der die Firma in die Pleite getrieben hat, oder war es sein Bruder gewesen? Wenn es mit rechten Dingen zuginge im Leben, müßten wir all die Bücher, die wir gelesen haben, noch einmal und immer wieder lesen, um auch nur eine schwache Ahnung zu haben von dem, was in ihnen geschieht und was sie so bedeutsam macht. Schriftsteller, seufzen wir, haben es leicht, die schreiben, wenn es hochkommt, zwanzig Bücher in ihrem Leben und sollten in der Lage sein, deren Handlung einigermaßen im Kopf zu behalten. Aber wir? Wir müssen jedes Jahr zwischen zwei- und dreihundert Bücher lesen!! Und kaum treffen wir einen dieser schmerzgebeugten Menschen und sagen ihm, wir hätten sein Buch gelesen, fragt er uns schon, wie wir die Szene im dritten Kapitel verstanden hätten, die er als Echo auf die vierte Episode der Odyssee entworfen hätte – und wir können nur antworten: Ach so! Ja, ja, wir hätten uns schon so etwas gedacht, aber gar nicht gewagt, es auszusprechen – und der Schriftsteller weiß schon, mit wem er es zu tun hat: mit Hochstaplern!

Mit anderen Worten: Auch wir Leser sehen alt aus, frühzeitig gealtert, all unser Bemühen war für die Katz!

Nun kann man mit unserem ehemaligen Bundeskanzler fragen: Und wo bleibt das Positive? Denn schließlich ist unser Berufsstand noch überwiegend der Meinung, daß Schreiben und Lesen das Wichtigste auf der Welt sei. Wir sind, auch damit sage ich leider nichts Neues, nur ziemlich kurz auf der Welt – und alle Bemühungen, unser Leben zu verlängern, sind lächerlich angesichts des Resultats: All die Fitnessübungen und Wellnesskuren, Diätprogramme und Jogging-verausgabungen bringen, wenn uns nicht der Schlag trifft, bestenfalls fünf bis sechs Jahre, und da es bislang unmöglich ist, diese Zeit als Zeitdehnung in die Mitte des Lebens einzubringen, müssen wir sie am Ende des Lebens draufschlagen: Wir werden also statt achtzig sechsundachtzig Jahre alt. Wenn wir also eigentlich schon müde sind, müssen wir noch sechs Jahre hinten dranhängen, obwohl uns das Leben schwerfällt und das Lesen Mühe bereitet, die Augen tränen und das Gedächtnis streikt. Nach der Statistik des Börsenvereins des Deutschen Buchhandels lesen achtzigjährige Menschen ausgesprochen wenig, und dann auch nur unwillig: Sie wollen einfach nicht mehr wissen, ob Odysseus zurückgekehrt ist und was *Der Mann ohne Eigenschaften* im Alter treibt und ob es eine Stunde der wahren Empfindung gibt oder nicht. Sie lesen lieber das *Grüne Blatt* oder die *Neue Revue* oder sehen Thomas Gottschalk und fragen sich, warum der Enkel nicht auch beim Fernsehen gelandet ist. Unter Leseförderungsgesichtspunkten scheidet diese Altersgruppe aus.

Da die ersten, zahnlosen Lebensjahre aus begreiflichen Gründen ja auch ohne Bücher auskommen müssen, bleibt uns gar nichts anderes übrig, als uns an die mittleren Jahre zu halten. Ich rede hier nicht über die Schuljahre. Es sind schon zu viele Klagen über die Leseresistenz von Schülern laut geworden, daß wir uns der Hoffnung auf Besserung hingeben dürfen: Nein, Schüler lesen nicht, wollen nicht lesen oder haben keine Zeit zu lesen, weder gutes Zureden noch Zwang helfen weiter: Sie interessieren sich einfach nicht für Iphigenies Probleme oder Heimito von Doderers Problemlösungen, sie wollen nichts von den Skurrilitäten von Herzmanovsky-Orlandos *Gaulschreck im Rosennetz* wissen und haben keinen Bock auf einen frühen *Tod in Venedig.* Bis zum 18. Lebensjahr ist Sense, bei manchen hört die Schule sogar erst mit zwanzig auf. Was dann folgt, darf unter modernen Erziehungsgesichtspunkten natürlich auch nicht mit Lektüre beschwert werden, nämlich die Zeit der Ausbildung. Wir alle wissen, daß unsere Jugendlichen unter schwerem Streß stehen. Man wäre herzlos, ihnen in dieser Zeit *Die Schlafwandler* zuzumuten, wo sie ja selbst gerade schlafwandlerisch von Prüfung zu Prüfung taumeln. Also lassen wir sie besser bis zum fünfundzwanzigsten Lebensjahr in Ruhe. Aber dann kommt unser Chance. Denn wenn die jungen Leute nicht gerade damit beschäftigt sind, sich einen Beruf zu suchen oder eine Familie zu gründen oder eine erste Wohnung einzurichten, besteht zumindest theoretisch die Gelegenheit, sie für das gute Buch zu interessieren, und tatsächlich sagen die Statistiken, daß drei Prozent derjenigen, die mit fünfunddreißig Jahren die Ausbildung hinter sich gebracht haben, gelegentlich zu einem Buch greifen, auch wenn es sich in aller Regel in diesen Fällen um Bücher wie *Wie mache ich meine erste Million* oder *Werde reich, ohne zu arbeiten* handelt, also um allgemeinbildende Werke, nicht um das, was wir gemeinhin als hohe Literatur bezeichnen. Aber wir wollen nicht klagen. Denn der größere Rest, also siebenundneunzig Prozent der potentiellen Leser, beschränkt sich auf die Lektüre der *Kleinen Zeitung*, oder, in gebildeten Kreisen, er greift zur *Bunten*.

Um es kurz zu machen: Die Zeit im Leben des modernen Menschen, in der Zeit wäre für die Lektüre all der großen literarischen Dokumente unserer Zivilisation, sind allein die fünf Jahre zwischen fünfundfünfzig und sechzig. Denn entweder hat man bis zum fünfundfünfzigsten Lebensjahr einen gesicherten Job gefunden (und damit Aussicht auf eine ausreichende Pension), der es einem erlaubt, sich einmal abends mit *Madame Bovary* richtig gehenzulassen oder mit den Brüdern Karamasow eine Sause zu machen – oder man ist gescheitert und hat sowieso Zeit genug, sich in den warmen Räumen der Stadtbibliothek dieselbe zu vertreiben.

Die wichtige, für unsere Existenz als Buchhändler geradezu lebenswichtige Frage lautet also: Was und wie viel kann in diesen fünf Jahren bewältigt werden? Denn in der Zeit danach, um auch das noch festzuhalten, beginnt ja wie gesagt die Vorbereitung auf das gesegnete Alter, also der Fitnesswahn, der eine entspannte Lektüre in jedem Fall ausschließt.

Also: Was können wir unserer ausgemachten Zielgruppe, den fünfundfünfzigjährigen Lesern, zumuten? Zunächst müssen wir unterscheiden zwischen weiblichen und männlichen Lesern. Männliche Leser, das hat sich herumgesprochen, greifen nie zu einem Buch oder eben nur dann, wenn es unbedingt sein muß, also praktisch nicht. Man muß sie zwingen. Aber wie zwingt man einen gestandenen Mann, die *Strudlhofstiege* einmal hinauf und dann wieder hinunter zu steigen? Mit Liebesentzug? Mit Drohungen? Mit kultureller Ächtung? Nie ist die Unvereinbarkeit zwischen der *vita activa* und der *vita contemplativa* stärker zutage getreten als bei dieser Zielgruppe, der einzigen, der unsere ganze Aufmerksamkeit gelten muß: Denn der Mann behauptet ja schlichtweg, er müsse etwas *tun*, und er läßt sich ja nur schwer davon überzeugen, daß lesen auch eine *Tätigkeit* ist. Unterhaltung ist für ihn etwas anderes, für Bildung ist es bereits zu spät. Also liest er nur, wenn gar nichts anderes geht. Das am meisten kränkende an dieser hartnäckigen Resistenz ist der dramatische Qualitätsabfall, den wir in den letzten Jahren erleben mußten: War es vor dreißig Jahren noch möglich, den gestandenen Mann mit

Heinrich Böll oder Graham Greene zu locken, so müssen wir jetzt zu Stefan Effenberg oder Dieter Bohlen greifen, um ihn wenigstens einen Abend im Hause zu halten: Montag Squash; Dienstag Stammtisch; Mittwoch Tennis; Donnerstag PC-Fortbildung; Freitag Lektüre, aber eben nur dann, wenn es keinen *Tatort* gibt oder keinen *Kommissar Rex*, keinen Krieg und nicht einmal Caroline Reibers Abend der Volksmusik. An solchen Freitagen läßt sich der Mann dazu bewegen, nach dem Essen und vor allem vor dem Schlafengehen – und meist auch nur dann, wenn es draußen regnet – wenigstens eine Stunde der Lektüre eines guten Buches zu opfern. Die ganze Familie nimmt mitfühlend Anteil, wenn sich der Herr des Hauses gegen neun Uhr in den Sessel fallen läßt, um auf unlust- und schmerzvolle Weise nach dem Schmöker zu greifen, man sieht ihn mit grimmiger Miene vor- und zurückblättern und weiß, daß man irgendwann dafür büßen muß, man nickt verständnisvoll, wenn er kurz darauf aufspringt, um sich eine Flasche Bier aus dem Kühlschrank zu holen und ein wenig später die Zigaretten suchen geht, die er im Auto vergessen hat, und erst nach halb zehn qualmend wieder zurückkommt, weil er den Nachbarn getroffen hat, der gerade aus dem Kino zurückgekommen war und ihm noch den Film erzählen mußte, und man freut sich mit ihm, wenn er nun endlich wieder Platz genommen hat und unter schwerem Gähnen mit der Lektüre beginnen will. Eine Welle des Selbstmitleids überrollt ihn, wenn er sieht, daß das Lesezeichen des sechshundertseitigen Buches zwischen den Seiten 48 und 49 steckt und er überdies komplett vergessen hat, was auf diesen ersten Seiten geschah. Die Familie sieht zu, mit welchen Anstrengungen die Aufhebung des Trägheitswiderstands verbunden ist, wie nämlich das Haupt der Familie mißmutig nachliest, was auf den ersten achtundvierzig Seiten geschah. Der Sohn kommt von einem abendlichen Skateboardausflug nach Hause und schlurft ohne längeres Verweilen in sein Zimmer, um den Vater nicht bei der Lektüre zu stören, die Tochter, die stundenlang mit offenem Mund SMS-Nachrichten geschickt und empfangen hat, ist von dieser Tätigkeit so angefressen, daß sie dem Bruder brummelnd folgt, und als endlich die Gattin, die auf dem Sofa eingenickt war, aufschreckt, auf die Uhr blickt und sagt: Mein Gott, wie spät es schon ist, und hinzufügt: Es ist schön, wenn du mal zu Hause bist und friedlich in einem guten Buch liest – dann ist seine Stunde gekommen. Kaum hat die Frau das Zimmer verlassen, wird das Lesezeichen zwischen die Seiten 50 und 51 gelegt und das Buch zugeklappt, und schon sehen wir den Mann vor den Fernseher zurückkehren, wo gerade eine moderne Dostojewski-Verfilmung läuft: In einer dreiviertel Stunde werden die siebenhundert Seiten von *Schuld und Sühne* heruntergespielt, und die Hauptfigur heißt tatsächlich Johnny Depp. Schon Heidegger hat, »mit atemberaubender Nüchternheit«, gezeigt, »wie müßig es ist, sich der Illusion hinzugeben, nach dem Tod könne es etwas anderes geben als das Nichts« – also soll man, so die lakonische Meinung des Mannes vor dem Schlafengehen, seine Zeit nicht mit unnützen Dingen verplempern. Was wir daraus zu folgern haben: Der Mann unserer Zielgruppe, sofern er überhaupt lesen kann, steht für nicht mehr als ein Buch pro Jahr, es sei denn, er bevorzugt schmale Novellen, die sich in einem halben Jahr bewältigen lassen, z.B. Kafka.

Wenden wir uns nun unserer weiblichen Zielgruppe zu, den fünfundfünfzigjährigen Frauen. Der Mann, es ist Montag, trainiert seinen Körper beim Squash, es ist ruhig in der Wohnung, die Kinder sind schon längst aus dem Haus und denken gar nicht daran, sich telefonisch zu melden; die Eltern sind im Altersheim und bereiten sich sicher gerade auf den Fernsehabend mit Johannes B. Kerner vor, die Freundin ist mit dem Geliebten im Kino und wird erst am nächsten Tag berichten, was er taugt. Die Frau trinkt ein gut gefülltes Gläschen Eierlikör, brüht sich einen Kamillentee auf und macht es sich auf dem Sofa bequem. Wie schön das Leben sein kann! Und auch wenn es sich nur um eine Illusion handelt, um ein schweres Faszinationselement, um den Bedrückungen des Alltags, die wir alle nur allzu gut kennen, zu entkommen, nimmt sie ein Buch zur Hand, um das Gespräch mit den Toten aufzunehmen. Denn das ist es ja, was wir tun, wenn wir ein Buch lesen. Sagen wir, sie liest Proust, die neue Übersetzung von Suhrkamp, oder die neue Übersetzung von *Moby Dick* aus dem Hanser Verlag. Sie weiß bald alles, was man über den Walfang bis 1850 wissen konnte; sie war mit dem Erzähler in den fischigsten aller Fischhäuser; sie hat mit den Seeleuten gebangt, ob es Kabeljau, Muscheln oder geräucherte Heringe zum Frühstück gibt; sie kann eine Unze spanischen Goldes von einem 16-Dollar-Stück unterscheiden; sie weiß, daß es der Wal Moby Dick war, der den Kapitän Ahab entmastet hat – was soviel heißt wie ihm ein Bein abgetrennt hat; sie hat Grog gesoffen, heiß wie Satans Huf; und sie hat mit der Mannschaft ausgerufen: Gott soll uns alle miteinander hetzen, wenn wir nicht Moby Dick zu Tode hetzen!

Als der Mann, der nach dem Squash noch ein paar Biere zur Auffüllung des gesunkenen Flüssigkeitspegels getrunken hat, gegen elf Uhr nach Hause kommt, kennt er seine Frau nicht wieder: Sie redet von Spaken und Spanten, von Rah und Rack, von Pinte und Poller, Kielschwein und Klampen, Brassen und Bram. Wenn sie den Mann bittet, er solle ihr eine Gabel geben, bittet sie um eine Harpune. Sie ist fertig. Am nächsten und an den folgenden Tagen geht sie nicht zur Arbeit, weil sie Ahab nicht allein lassen kann. Sie bleibt im Boot, duckt sich unter den Brechern, wäscht sich nicht mehr – bis sie endlich zum letzten Satz kommt, zur Erlösung für die ganze Familie: »So ging der Himmelsvogel mit Erzengelschreien, den herrischen Schnabel emporgereckt, den Leib in Ahabs Fahne gefangen, mit seinem Schiffe unter, welches wie Satan nicht zur Hölle fahren wollte, bis es nicht etwas Lebendes vom Himmel mit hinabgerissen…. Nun flogen kleine Vögel kreischend über dem noch gähnenden Abgrund; mürrische weiße Wellen schlugen gegen seine steilen Wände; dann brach alles ein, und das große Leichentuch des Meeres wogte weiter wie vor fünf Jahrtausenden.«

Man kann sich vorstellen, wie der Frau nach diesem Kampf mit der Natur zumute ist. Auf jeden Fall wird der Urlaub auf Mallorca abgesagt, die Enkelkinder erhalten Matrosenanzüge, dem Mann wird aufgetragen, ein Schwimmbad mit hohem künstlichem Wellengang zu bauen, was er auch, um die Ehe zu retten, unter der Bedingung in Angriff nimmt, daß die Frau je wieder ein Buch zur Hand nehmen sollte. Die Vorstellung, sie würde mit Proust beginnen und ein Schloß fordern, läßt ihn schaudern; schon bei der Erwähnung des

Titels *Madame Bovary* steht ihm der Schweiß auf der Stirn; der Titel *Der Mann ohne Eigenschaften* kommt ihm wie ein Todesstoß vor. Kurzum: Sämtliche Bücher werden aus der Wohnung entfernt, neue nicht mehr angeschafft: Auch diese Frau ist für die Literatur, also für uns verloren.

Warum erzähle ich alle diese ganz normalen Horrorgeschichten? Die Antwort ist hoffentlich kurz genug, um niemanden zu quälen, und lang genug, um sie verständlich zu machen. Die Literatur ist, wenn wir den ganzen Korpus der schriftlichen Äußerungen zusammennehmen, das gewaltigste System von Komplexität, das sich denken läßt. Während alle anderen Systeme von dem inneren Trieb besessen sind, Komplexitätsreduktion zu betreiben, alles auf eine handliche Formel zusammenschnurren zu lassen, von der Chemie bis zur Politik, von der Wirtschaft bis zur Jurisprudenz, ist es der Ehrgeiz der Literatur, diese Engführung aufzubrechen. Wenn die Politik von der Rentenformel spricht, die für alle gelten soll, die Medizin von einem Mittel träumt, das sämtliche Kopfschmerzen lindert, das Recht darauf aus ist, zu einem bündigen Urteil zu kommen, geht die Literatur, wenn sie diesen Namen verdient, den genau entgegengesetzten Weg: Sie ist das einzige System, das nie für alle sprechen will. Wir – die Buchhändler, Verleger und Schreiber – haben es mit einer Sache zu tun, die man nicht beenden kann, solange noch Differenzen zwischen Menschen bestehen. Alle 652.843 Liebesromane, die die Welt hervorgebracht hat – in dieser Stunde kommen weitere 352 hinzu – alle diese Bücher sind wesentlich voneinander unterschieden, und selbst wenn ich mir eine Typologie ausdenke – eine Frau zwischen zwei Männern, ein alter Mann und eine junge Frau, eine reiche Frau und ein armer Schlucker –, der ich all diese Bücher mehr oder weniger zuordnen kann, bleibt immer ein offener Rest. Ein anthropologischer Rest, eine Differenz. Denn abgesehen davon, daß kein Mensch auf der Erde in der Lage ist, sämtliche Liebesromane zu lesen – aus Zeitgründen einerseits, und zweitens aus Selbstschutz, denn er würde unweigerlich verrückt werden –, unterscheiden sie sich tatsächlich. Das ist – so banal es klingt – der größte Vorsprung, der die Einzigartigkeit von Literatur beweist. Man muß sich dieses Faktum immer wieder vor Augen halten, wenn Gefahr besteht, daß unsere Branche in einen Zustand der chronischen Kollektivdepression zu verfallen droht, der zu einem Mangel an Begeisterung an unserer Arbeit führt.

Aber – und nun kommt das große ABER –, aber offensichtlich ist es schwer, diesen unerhörten Vorteil in unserer täglichen Arbeit umzusetzen. Offenbar gelingt es uns nicht mehr ausreichend, die anderen, die nicht lesen und die weder das Gespräch mit den Toten noch das Gespräch mit den Lebenden suchen, von den Vorteilen der Bücher zu überzeugen. Auch darüber gibt es viele Theorien, einige haben wir eingangs schon – vielleicht etwas flapsig – aufgeführt. Die überzeugendste Theorie ist vielleicht die, daß moderne Menschen auf Teufel komm raus darin geschult werden, Komplexitätsreduktionsstrategien – ein herrliches Kompositum – zu entwickeln. Alles soll einfach sein. Alles soll uns abgenommen werden. Wir sollen nur noch das lernen, was wir unbedingt brauchen. Ein Baum ist ein Baum und keine Esche, Erle, Eiche oder ein Bergahorn. Also lieber der Mann Effenberg als *Der Mann ohne*

Eigenschaften, lieber mehr Donald Duck als mehr Dante. Das Lehrerstudium soll drei Jahre dauern und keine Minute länger. Fragen dürfen gestellt werden, sind aber hinderlich. Weiß der Teufel, wie die Sterne an den Himmel kommen, und warum sie uns nicht auf den Kopf fallen, hat wahrscheinlich was mit Physik zu tun. Frag nicht so viel. Das nehmen wir später durch. Das verstehst du doch nicht, bedeutet nichts anderes als: Ich weiß es auch nicht. Die Ausdifferenzierung der Wissenschaften einerseits und des täglichen Lebens andererseits ist so weit fortgeschritten, daß viele es aufgegeben haben, eine Vermittlung herstellen zu wollen. Das ist der Grund, warum wir immer weniger wissen. Wir wissen nicht mehr, warum die Blätter jetzt grün sind und nicht blau, und wir wissen nicht, warum sie später rot und gelb, aber sehr selten weiß werden. Und am wenigsten wissen wir über den Menschen, obwohl er doch das am längsten und intensivsten untersuchte Objekt unserer Neugier gewesen ist.

Ich glaube tatsächlich, daß wir immer weniger wissen wollen sollen. Und daß der Hauptgrund für die Abstinenz weiter Kreise von der Literatur darin besteht, daß die Literatur potentiell unendlich ist und sich deshalb nicht in einem modernen Lebensplan unterbringen läßt. Das Endliche der Lebensplanung und das Unendliche der Schrift lassen sich nicht mehr zusammenbringen. Weder vom Schreiben noch vom Lesen werden wir jünger, so haben wir, Joseph Brodsky folgend, begonnen. Aber ist das ein Grund, sich nur noch auf die minutiöse Planung unseres Lebens zu konzentrieren? Ist es nicht Paranoia, anzunehmen, daß wir durch eine immer bessere Planung unser Leben wenn nicht verlängern, so doch intensivieren? Es ist Paranoia. Reine Hysterie. Denn die Planung unserer Lebensverhältnisse, das zeigt unser eigenes Verhalten jeden Tag, frißt den größten Teil des Lebens auf. Lesen dagegen ist reine Verschwendung, unerhörter Luxus: Die Frau, die mit der allergrößten Faszination die siebenhundert Seiten von *Moby Dick* gelesen hat, ist nur deshalb in den Augen ihres lebensplanerischen Mannes eine Gefahr, weil sie die Zeit überlistet hat. Sie hat, wenigstens für eine Woche, einen Blick in eine andere Welt geworfen, die mit ihrer und der des Mannes nichts zu tun hat. Sie hat Dinge gelernt, die ihr im praktischen Leben nichts nützen. Sie wird nie eine Walfischfängerin, ganz abgesehen davon, daß Walfang heute verboten ist. Aber sie hat noch etwas anderes gelernt, in dem sie eine Woche lang mit dem schwer neurotischen Kapitän Ahab auf dem Meer unterwegs war: Sie sieht ihren Mann anders an. Sie sieht in ihm, der nach außen hin so buchhalterisch sein Leben plant, auch einen Ahab, oder wenigstens Züge von Ahab, die ihr vorher nie aufgefallen waren. Sein Verbot der Bücher im Haus, um sie, die Frau, zu schützen, ist plötzlich nichts anderes als seine Angst vor der Macht der Literatur, vor ihrer Unendlichkeit, ihrem Luxus, den er sich selbst natürlich nie im Leben leisten würde. Da er *Moby Dick* nicht gelesen hat, wird er auch nie herausbekommen, warum sie ihn immer dann, wenn er einen Wutanfall bekommt, Ahab nennt. Ihre beiden Leben, so dürfen wir mal vermuten, gehen bald getrennte Wege: ein Fall für die Scheidungsrate.

Zum Schluß will ich wenigstens noch ein kleines Problem berühren, das alle von uns betrifft. Es geht um die Frage, welches Buch wir wem empfehlen, wie also unsere Frau an den *Moby Dick* gekommen ist. Es gibt natürlich die Presse, es gibt das Fernsehen, es gibt immer noch die begeisterten Leser. Aber es gibt vor allem die Buchhändler. Sie sind, trotz der Probleme, die gelöst werden müssen, sich aber nur schwer lösen lassen, die eigentlichen Hüter des großen Paradieses der Bücher. Sie haben damit eine der schwersten Verantwortungen zu tragen, aber sie üben dafür auch einen der schönsten Berufe aus, die sich in der spezialisierten Welt denken lassen: Sie beeinflussen die Imagination der Leser und damit der Gesellschaft. Man stelle sich vor, man wäre in der Autoindustrie gelandet und müßte Autos verkaufen: sechs Typen pro Jahr. Wir dagegen haben jedes Jahr vierzigtausend Neuerscheinungen! Und während ein Autotyp schon nach sechs Monaten veraltet ist, beißen wir uns an Shakespeare immer noch die Zähne aus, kommt uns Stifter frisch vor wie am ersten Tag und lieben wir es, die Sentenzen Nestroys weiterzusagen, von dem übrigens mein Lebensmotto stammt: Die Phönizier haben das Geld erfunden, nur leider zu wenig.

Es ist an den Buchhändlern, die Bücher richtig zu verteilen. Sie müssen herausfinden, wer Gerhard Roth lesen sollte und wer Gedichte von H. C. Artmann. Da wir im Leben gelegentlich noch anderes tun müssen, müssen wir uns die Lektüre gut einteilen. Nichtleser sind häufig enttäuschte Leser. Wenn wir für die Seite zwei Minuten brauchen, kommen wir auf dreißig Seiten in der Stunde, das heißt wir können rund zweihundert Seiten am Abend schaffen, das heißt rund dreihundert Bücher im Jahr, also alles in allem etwa zwanzigtausend Bücher im Leben, was also nicht einmal der Hälfte der jährlichen Neuerscheinungen entspricht. Es heißt also gut auswählen! Man stelle sich einen Menschen vor, der immer die falschen Bücher gelesen hat, ein ganzes Leseleben immer nur die falschen Bücher! Ein bedauernswertes, unberatenes Geschöpf. Aber bei einem begeisterten Buchhändler wäre das nicht passiert. Sie passen auf, wie der Leser, der den Laden betritt, aussieht, wie er erzählt, was ihm wichtig ist – und verkaufen ihm dann das richtige Buch, zum Beispiel *Moby Dick*.

Was ich damit sagen will, ist klar: Auch wenn es in unserem Beruf immer noch eine Menge Mißstände gibt, so haben wir doch allen Grund, stolz zu sein: Einen besseren, edleren, abwechslungsreicheren Beruf kann man sich nicht vorstellen.

Preis der Leipziger Buchmesse

Literaturpreise wiegen schwer. Wer zum Beispiel in Frankfurt einen der deutschen Jugendliteraturpreise erhält, darf eine Metallplastik in Empfang nehmen, die einem Kind leicht den Arm abreißen würde. Und auch der schöne Butt, der hier in Leipzig unter tätiger Beihilfe des Fernsehballetts verliehen wurde und den Günter Grass entworfen hat, ist im Zweifelsfall als Totschlagsinstrument geeignet. Ich selbst habe die ungläubige Verblüffung im Gesicht von Siegfried Lenz gesehen, als ihm sein Laudator den Butt in die offenen Hände legte: So schwer! So schwer muß ich nun daran tragen.

Noch kein Autor hat allerdings den mentalen Schlag beschrieben, der ihn bei der Mitteilung der Zuerkennung eines Literaturpreises im Namen eines berühmteren verstorbenen Schriftstellers getroffen hat. Hölderlin-Preis, George-Gedächtnis-Preis, Benn-Stipendium – das kann in der Perspektive der Aggressionstheorie wie ein gezielter Niederschlag interpretiert werden, wie eine absichtlich kalkulierte Bosheit. Da hat einer sein ganzes Leben lang Verse über die harte Arbeitswelt geschrieben, über Ausbeutung und Entfremdung, und wird dann mit dem esoterischen Rilke-Preis ausgezeichnet; ein anderer, der seine literarische Arbeit als subversiv auffaßt, weil er die Gesellschaft und ihre

Literatur nicht schätzt oder sogar ablehnt, wenn nicht sogar haßt, muß sein Leben lang den Literaturpreis des Kulturkreises der deutschen Wirtschaft im Bundesverband der Deutschen Industrie in seine Biographie aufnehmen; der Avantgardist, der die Sprache zertrümmern will, muß sich mit dem Fontane-Preis abfinden; und einer, der sehnsüchtig vom Thomas-Mann-Preis geträumt hat, wird plötzlich mit dem Heinrich-Mann-Preis zu Tode erschreckt. Man muß schon ein cooler Typ sein, sich im Namen der Allergrößten auszeichnen zu lassen. Ich glaube, es war Friedrich Dürrenmatt, der einem deutschen Kulturdezernenten, der ihm die frohe Botschaft der geplanten Verleihung des Schiller-Rings mitteilte, rüde entgegnet hat, er solle sich den Schiller-Ring in den selbigen schieben, da er in seinem Leben schon drei Schiller-Ehrungen über sich ergehen lassen durfte, eine vierte nun allerdings nicht überleben würde.

Man sollte erleichtert sein, wenn der Preis in einem Namen vergeben wird, der einem in seiner strahlenden Bedeutung vielleicht unheimlich, aber doch irgendwie vertraut vorkommt. Man hat von Goethe immerhin eine vage Vorstellung, wenn auch selten die richtige; aber im Namen Goethes geehrt zu werden, kann nie ganz falsch sein; manchmal sagt einem der Name des Preispatrons etwas, wie bei Schiller oder Nietzsche, aber man hat nie wirklich etwas von ihm gelesen. Zarathustra, mein Gott, das soll eine großartige deutsche Prosa sein, aber wo der Berg liegt, den er heruntergeschritten kam, und was er genau gesagt – und was er gemeint hatte – das ist im Detail alles nicht mehr so richtig geläufig. Wahnsinn! Preise sind oft genug der Anlaß, sich zum ersten und oft genug zum letzten Mal mit dem Werk des Namengebers zu beschäftigen, und wer viele Preise erhält, muß sich durch die deutsche Literatur hindurchlesen. Gottlob wird nicht die Kenntnis des Gesamtwerks verlangt, was bei Goethe oder Karl May zu Lebenszeitproblemen führen würde. Da ich in einem Büro arbeite, in dem ein paar Nachschlagewerke ausliegen, erhalte ich jedes Jahr einige besorgte Anrufe von befreundeten Schriftstellern, die wissen wollen, in wessen Namen sie geehrt werden sollen: Wer um Himmels willen war Hoferichter, wer war Hausenstein? lautet die bange Frage, weil keines ihrer Bücher mehr erhältlich ist. Sie leben nur noch in ihren Preisen fort. Als einer, der den Münchner Tukan-Preis entgegennehmen sollte, mich fragte, ob ich ihm die Bücher des Herrn Tukan leihen könne, habe ich aufgegeben. »An den Tukanen – heißt es bei Canetti – wird die Selektionslehre zuschanden. An anderen Tieren auch, aber an den Tukanen ist es am deutlichsten. Diese ungeheuren Schnäbel – wozu?« Ich weiß nicht, ob Sie wissen, was ich damit sagen will. Aber Sie ahnen sicher etwas. Der Anrufer hat den Tukan-Preis dennoch angenommen.

Preis-Namen schmücken, manche kleben. Nicht jeder, der den Stalin-Preis erhalten hat, ist später wirklich froh damit geworden. Auch der Lenin-Preis hat seine Opfer gefunden. Gottseidank sind Schriftsteller in halbwegs demokratischen Gesellschaften nicht verpflichtet, ihre Preise bei öffentlichen Anlässen in Form von Plaketten auf der Brust zu tragen, weil manche dann so aussehen würden wie hochdekorierte russische Generäle: Wer die Heine-, Kafka-, Büchner-, Schiller- und Huchel-Schlacht gewonnen hat und dazu noch die Roswitha-von-Gandersheim-Medaille und den deutschen Kriegsblinden-Preis auf dem Jackett zur Schau stellen müßte, der würde oft schwerer daran tragen, als es auf den ersten Blick aussieht. Glückliche Schriftsteller bringen es in einem Arbeitsleben auf bis zu zwanzig Auszeichnungen.

Erstaunlicherweise gibt es auch gute Schriftsteller, die nie oder fast nie einen Preis erhalten, während andere sich darüber beklagen, daß sie zu viel davon kriegen. Beides ist bedauerlich und zu ändern.

Deshalb gibt es jetzt den Preis der Leipziger Buchmesse. Er wird, wie könnte es anders sein, an die besten Bücher beziehungsweise an die Autoren, die die besten Bücher des Jahres geschrieben haben, verliehen. Dieser Preis hat keinen Namenspatron. Nur ein Mensch mit extrem schlechtem Charakter und mangelnder Bildung könnte auf die Idee kommen, der neutrale Name des Preises verdanke sich dem Umstand, daß in Leipzig keine bedeutenden Dichter und Denker gelebt hätten. Was hätte man zum Beispiel gesagt, wenn die Messegesellschaft die Auszeichnung »Kaiser-Maximilians-Preis« genannt hätte – weil der Kaiser gleichen Namens 1497 der Stadt das Messeprivileg verliehen hat? Oder Gellert-Preis? Gottsched-Preis? Ich muß mir glücklicherweise darüber keine Gedanken machen. Da ich selbst leider nicht unter den Favoriten für den Preis bin, weil ich, statt endlich einmal ein bestes Buch zu schreiben, immer Reden halten muß, für die es, selbst wenn sie zu den besten des Jahres gehören, keinen Preis gibt, kann ich mich uneingeschränkt freuen: für die Preisträger. Und da mit an Sicherheit grenzender Wahrscheinlichkeit ein Buch des Hanser Verlags ausgezeichnet werden wird, weil wir nur beste Bücher verlegen, ist meine Freude um so größer.

Mit diesem Preis sollen Schriftsteller und Übersetzer für ihre Arbeit geehrt werden. Für mich sind solche Ehrungen eine Selbstverständlichkeit. Jeder Sänger, jeder Schauspieler, jeder Künstler, der in einem Kunstverein ausstellt, sie alle werden öffentlich, also von uns Steuerzahlern subventioniert. Eine zivile Gesellschaft, die sich diesen notwendigen Luxus nicht leisten will, ist nicht zivil. Da das Schreiben von besten Büchern in aller Regel ein hartes Geschäft ist, ein einsames noch dazu, das nur in seltenen Fällen wirklich belohnt wird, sind Preise für Autoren nicht nur aus narzistischen Gründen lebenswichtig. Stellen Sie sich einmal vor, Kafka hätte nach Veröffentlichung des *Urteils* den Kleist-Preis erhalten, für den *Hungerkünstler* die Goethe-Ehrung, nach dem *Heizer*-Fragment das New-York-Stipendium des Kranichsteiner Literaturpreises. Tukan und Kranich, Sie haben es sicher gemerkt. Ich will nicht sagen, daß Kafka heute noch leben würde, aber ich will etwas damit sagen. Gottfried Benn hat einmal in einem Aufsatz »summa summarum« ausgerechnet, wie viel er in der Mitte seines Lebens mit seiner literarischen Arbeit verdient hat, nämlich Pfennige, also nichts. Er hat trotzdem weiter geschrieben und es zu Weltruhm gebracht. Das sage ich vorsichtshalber zu denen, die heute leer ausgehen, und das ist bedauerlicherweise die Mehrheit. Bitte schreiben Sie trotzdem weiter, denn nichts brauchen wir im Moment dringender als gute Bücher. Wir brauchen vieles nicht, auf fast alles können wir leicht verzichten. Gute Bücher dagegen sind unverzichtbar. Eine Jury, die nur beste Bücher vorschlagen darf, ist nicht zu beneiden. Bitte geben Sie ihr Kredit. Es wäre fatal, wenn einer der Nichtberücksichtigten einen liegengelassenen Butt zu einem blutigen Anschlag verwenden würde. Es wäre das Ende des neu gestifteten Preises. Als Verleger (und gelegentlicher Schriftsteller) wünsche ich dem Leipziger Preis eine lange, unblutige Zukunft. In dieser Messe- und Buchhändlerstadt mußte ein Literaturpreis gestiftet werden, und zwar einer, der ohne Ballett und anderen Schnickschnack auskommt.

Und schließlich ein Wort zu der merkwürdigen Konkurrenz unter den Literaturpreisen: Welcher Preis ist der beste, angesehenste, einträglichste, welcher Preis schlägt die anderen? Dieses Konkurrenzgetue ist abscheulich und verkennt, daß in diesem Land immer noch mehr gute Bücher erscheinen, als es dafür Preise gibt. Wir sollten also dankbar sein, daß es den Preis der Leipziger Buchmesse gibt, und wir sollten die ausgezeichneten Autoren ehren, indem wir ihre Bücher lesen. Und die hier nicht ausgezeichneten Autoren sollen hoffen dürfen, später in Hamburg oder Berlin oder Celle oder Frankfurt ihren verdienten Preis zu erhalten. Unser Daumendrücken für die besten Bücher geht also weit über Leipzig hinaus.

Heute aber Leipzig, die Stadt meiner Kindheit, die Stadt der Buchdrucker und der Bücher. Wir sind gespannt, zu welchem Kompromiß, unter besten Büchern das beste zu wählen, die Jury gekommen ist.

200 Bücher für ein Würstchen

*Meine 40. Frankfurter Buchmesse:
Ein Tagebuch*

Montag, 8. Oktober – Zug nach Frankfurt
Alles immer noch grün, kein Baum stirbt, es sei denn,
weil ihm die Äpfel zu schwer werden. Die Umwelt-
katastrophen scheinen Deutschland nicht zu mögen,
gottseidank – oder: Gott sei Dank. Wenn man die
Windräder und einen guten Teil der Architektur aus
dem Blickfeld schaffen könnte, wäre Deutschland das
schönste Land der Welt. Wo sonst gibt es so viele
schöne Rüben?

Dies wird meine 40. Buchmesse in Frankfurt; nicht
zu fassen! Früher war ich immer der Jüngste zwischen
all den gesetzten Herren von der Branche und dem
Feuilleton, jetzt gehöre ich zu den Alten des Gewerbes.
Ledig-Rowohlt, Unseld, Hanser sahen mit sechzig
auch wie sechzig aus, ich bilde mir ein, wie ein rüstiger
58er zu wirken. Aber die jungen Mitreisenden, Kollegen von dtv, Piper oder der Weltfirma Bertelsmann, die
mich immerhin noch grüßen, denken natürlich: Na,
wie lange wird es der noch machen, wann wird endlich
sein Stuhl frei? Früher habe ich den Atlas der Buchmesse auch nach einer durchzechten Nacht aufrecht
auf den Schultern getragen, heute nehme ich mir fest
vor, jeden Abend um Mitternacht im Bett zu liegen.

Vor vierzig Jahren war der Begriff »Konzern« in
unserem Gewerbe ein Fremdwort, es gab keine Buch-

handelsketten, und das Bier im »Frankfurter Hof« kostete 2 Mark. Heute muss man 200 Bücher verkaufen, um ein Würstchen mit Senf bezahlen zu können. Nur die Buchpreise haben sich gehalten, wir sind wirklich eine konservative Branche. – Eben ist, unter den devoten Blicken meiner Mitreisenden, ein sogenannter Fernsehkoch vorbeigegangen, meine Nachbarin kannte sogar seinen Namen! Wahrscheinlich stellt er in Frankfurt sein epochemachendes Werk über Salat-Zubereitung vor. – Schon wird mir flau im Magen, wenn ich an all die Moderatoren, Berliner Bürgermeister und Salatspezialisten denke, die in Frankfurt ihr verkaufsförderndes Lächeln zeigen werden. Denn eigentlich müsste – zumindest in diesem Jahr – die deutsche Literatur im Mittelpunkt stehen, die dreißig Romane und Erzählungen, die man bis Weihnachten gelesen haben sollte.

Ein englisches Wettbüro hat folgende Plazierung für den Nobelpreis veröffentlicht: Claudio Magris, Les Murray, Philip Roth: Alle drei wären mir recht, weil wir sie verlegt haben. Und wenn die Schweden ein wenig patriotischer wären, würden sie Tomas Tranströmer und Inger Christensen (DK) *ex aequo* den Preis verleihen, aber weil Harry Martinson sich nach der Verleihung das Leben genommen hat, reden sie ihre eigene Literatur schlecht. Um 17 Uhr wird die Verleihung des Deutschen Buchpreises sein. Bin ich aufgeregt? Ja. Glavinic, Mosebach, Köhlmeier: Jedem würde ich den Preis gönnen. Aber natürlich auch Katja. – Die Welt hinter Würzburg: ein einziges Paradies! Warum wohnt hier kein Schriftsteller? Alle hocken in Berlin aufeinander und öden sich an – während sie hier zum halben Preis mit Reh und Hase Freundschaft schließen könnten. – So, jetzt hebe ich meinen Mehdorn-Kaffee-becher zur Erinnerung an O. M. Ungers und Walter Kempowski – zu deren Beerdigungen ich nicht gehen kann –: und dann »Frankfurter Hof«.

23.45 Uhr
Obwohl wir drei Kandidaten auf der Shortlist hat-ten ... der Preis ging an Julia Franck. Der Tenor der sich anschließenden Kritikerrunde: Wer drei Kandi-daten auf der Shortlist hat, kann nicht den Preis ge-winnen. Warum nicht? – Die Art und Weise, wie über Martin Mosebach hergezogen wurde, ist unter aller Sau. Aber er ist und bleibt einer der besten Schrift-steller der Republik. Und Michael Köhlmeier? Er hat einen der aufregendsten Romane dieses Herbstes ge-schrieben! Und Thomas Glavinic? Ach! Hätten doch mehr den Mut, die Kränkung der Zurücksetzung zu beschreiben. – Frustriert zu Bett. Der »Frankfurter Hof« leer und öd, wie es sich gehört; wahrscheinlich fällt die Buchmesse aus.

Dienstag, 9. Oktober
Seit heute früh 9 Uhr habe ich in fünf verschiedenen Sprachen, aber immer auf Englisch, zwölfmal folgende Beschreibung von neuen Romanen gehört: Ein Junge trifft ein Mädchen, sie verlieben sich, die Eltern sind dagegen ... Es ist erstaunlich, mit welcher Empathie der ganz normale Kitsch angeboten wird, aus Indien, Amerika, Schweden, immer dieselbe Geschichte. Und dann ertappt man sich dabei, dass man selber diese Sprache gebraucht, um die eigenen Bücher ins Ausland

zu verkaufen, weil offenbar diese Reduktion die einzige Möglichkeit ist, sich im Messerummel Gehör zu verschaffen.

Die Eingangshalle im »Frankfurter Hof« sieht aus wie ein arabischer Basar, alle Stühle besetzt, manche Agenten hocken auf der Erde, alle sprechen Englisch. Und hin und wieder springt einer auf und rennt nach draußen, um eine Zigarette zu rauchen. Kommt er zurück, beginnt die Geschichte von neuem: Ein Junge trifft ein Mädchen… Zwei Drittel der Weltliteratur bestehen aus diesem Käse – und man ist froh, diese Bücher nicht kaufen zu müssen. –

Es gibt immer einen, der nichts zu tun hat: der Suchende. Er liest nicht, spielt nicht, bewegt sich nicht. Er steht an einem strategisch wichtigen Punkt zwischen den Räumen und lässt suchend den Blick schweifen. Nach einer Stunde gibt er auf und verschwindet für immer. – Bei Gesprächen im »Frankfurter Hof« – aber auch auf der Messe – wird man von seinem Gegenüber nur sekundenweise angeschaut. Die übrige Zeit sind die Augen damit beschäftigt, hinter einem Gehende zu beobachten. Während des Satzes springen die Hände auf, um Freunde zu begrüßen, die Augen zwinkern Kollegen zu, nur der Mund mahlt weiter seine eingeübten Sätze: This writer can be compared with Calvino and Thomas Mann… –

Umberto Eco ist eingetroffen, Dinner seiner ausländischen Verlage zu seinen Ehren. Später noch auf einen Sprung zum Empfang des Berlin Verlags. Es war so voll, dass die Gäste ihre Gläser in der Luft abstellen konnten. Um 24 Uhr, ich lag schon im Bett, hörte ich von unten herauf ein großes Klirren.

Mittwoch, 10. Oktober

Es gibt keine neuen, aufregenden Autoren aus Skandinavien, Frankreich, Italien. Wenn man die Verleger fragt, blickt man in ratlose Gesichter. Offenbar ist das Nach-Fernsehzeitalter in manchen Gegenden noch nicht angebrochen. Aber es wird, es muss kommen: eine Zeit, in der die große Erzählung weitergeführt wird, weil einem die 45-Minuten-Ratlosigkeit zum Hals heraushängt. Die Schweden haben sich literarisch ins 20. Jahrhundert geschrieben, jetzt schweigen sie an der Schwelle zum 21. Aber wie lange kann man mit zusammengebissenen Zähnen zusehen, wie einem die Worte ausgehen? – Die große Meute zieht mit ausdruckslosen Augen an den Schönheiten unseres Standes vorbei. Mit letzter Kraft wird ein Prospekt gegriffen und in die große Tasche gestopft – die später am Ausgang ungelesen in eine große Tonne versenkt wird. Aber die Kekse, die ausliegen, gehen weg wie Butter. Ist der Magen gefüllt, geht man weiter zum nächsten Stand. –

Während der Buchmesse, da das immer provinzielle Deutschland von internationalen Kapazitäten überschwemmt wird, zeigen die deutschen Fernsehsender in ihren sogenannten Talkshows Leute wie Eva Herman oder ähnliche. Lichter des deutschen Geisteslebens. Man traut sich nicht, in Gegenwart von ausländischen Freunden das Fernsehen einzuschalten. Demokratie ist nichts für ängstliche Menschen. – Am Abend Essen zum 80. Geburtstag von Harry Mulisch. Noch nie hat ein Holländer den Nobelpreis gewonnen. Und morgen um 13 Uhr?

Donnerstag, 11. Oktober

Wer bei offenem Fenster schläft, wird morgens vom scheppernden Container mit leeren Flaschen geweckt, die von den schweren Sünden der Nacht ein bedrückendes Lied singen. 7 Uhr, ich sammle die Visitenkarten auf, die aus den Taschen trudeln. Seltsame Brasilianer, die in der Hemdtasche stecken, ein Ungar, der etwas Unlesbares mit drei Ausrufezeichen versehen hat, und eine französische Dame: »Sehen wir uns noch?« – ihren Namen hab' ich noch nie gehört. Die Sammlung wächst. – Besuch Henning Ritter, langes Gespräch über Blumenbergs Nachlass: Sofort stellt sich die alte Buchmessenatmosphäre ein, gelehrt, gebildet, ironisch, eine (frühere) Zigarettenlänge lang ein intellektuelles Vergnügen. Henning ist so alt wie ich, weiß aber doppelt so viel; ich werde aufholen müssen, aber bitte erst nach der Messe. – Agenten-Center: Der Name hat einen Beigeschmack von Wahrheit, 300 Agenten an kleinen Tischen, und der Feind nebenan hört immer mit.

Nobelpreis an Doris Lessing, ihr *Notebook* hat mich vor dreißig Jahren interessiert. Und wir haben eine achtbändige Lessing-Ausgabe, für die sich auf der Messe keiner interessiert hat. – Eben kam eine schöne Frau, griff sich über meinen Kopf hinweg die neue Übersetzung von Stendhals *Kartause*, schlug sie auf und stellte sie wieder zurück. Auf meine Frage, welcher Satz sie so schockiert habe, blickte sie mich sprachlos an und ging weiter zu Lübbe. –

Abends Essen für die ausländischen Verleger und die deutschen Autoren: im Sitzen. Sofort wird anders über Literatur geredet. Calasso fragt mich, warum sein Buch über Franz Kafka, im Frühjahr erschienen, keine einzige Rezension erhalten habe. Keine Antwort gewusst. Manche Bücher fallen eben durch, auch wenn sie von einem der besten Kenner der deutschen Literatur stammen. – Die seltsame Verwandlung der Menschen, wenn sie in Robe erscheinen, manche habe ich kaum wiedererkannt. –

Freitag, 12. Oktober
Morgens kam Eco mit seinen Studenten, die alle später in Verlagen arbeiten wollen. Auf meine Frage, ob sie reiche Eltern hätten, kam lautes Gelächter. Unser Beruf wird von Hungerleidern ausgeübt. Wenigstens ihr Professor kann von seinen Honoraren leben. – Angebot: Just when she has resigned herself to being alone long-term, Marina, a widow in her forties, meets a man and falls in love all over again. Ob ich es lesen will? Nein. Warum nicht? Weil ich es schon gelesen habe. – Unmittelbar danach: Ein Buch über den arabischen Hintergrund des *Don Quijote*. Ob ich es lesen will? Ja! –

Zur Messe bei Marquardt

Zu den friedlichen Gewohnheiten in der Auseinander-setzung von DDR und BRD gehörte der Besuch der Leipziger (Frühjahrs-)Buchmesse. Schon an der Grenze bei Hof hatte ich den Geruch nach einer bestimmten Sorte von Desinfektionsmitteln in der Nase, der mich erst Stunden später im alten Messehaus am Markt-platz erwarten würde. Ich hörte die weiche, auswei-chende Tonart meiner Kindheit bereits vom ersten Grenzschützer auf östlicher Seite, dazu den tödlich gelangweilten Blick der Macht, der nach unerlaubten Einfuhrgütern fragt. Schließlich die Art und Weise des erschlafften Lesens meiner Unterlagen, die mich immer wieder in Erstaunen versetzt hat: Wie um Himmels willen konnte man mit diesen Menschen ver-wandt sein? Einem bin ich begegnet, der aus Keyna stammte, der kannte meinen Großvater vom Namen her. Von einer besseren Behandlung konnte aber keine Rede sein. Auch er schob seinen fahrbaren Spiegel unter mein Auto, um nachzusehen, ob ich einen beson-ders dünn gebauten Kollegen in die DDR einschmug-geln wollte.

Und dann endlich, an meinem Geburtsort vorbei, den ich aus Sicherheitsgründen nicht betreten durfte, endlich Leipzig. Zimmer suchen, Whiskey, Tchibo-Kaffee und Pralinen abliefern, danach Messehaus, die von der Polizei unterbrochenen Seancen in der Besprechungskoje, erste Bücherübergaben: Warum hat keiner darüber geschrieben? Wie junge Leute wie Mönche stundenlang an unserem Stand saßen und unter Aufsicht der Polizei Lehrbücher abschrieben, die wir ihnen nicht schenken durften. Wolfgang Hilbig zum Beispiel. Wie ein alter Lehrer von Uwe Johnson sich in unserer winzigen Koje bis auf die Unterhose entkleidete, damit wir ihm die Nietzsche-Ausgabe – nicht auftragend! – auf den Leib binden konnten – und wie er dann, aufrecht und ängstlich, mit seiner Beute davonlief; man konnte ihm die Illegalität seiner Handlung an der Nasenspitze ablesen.

Nach der Messe zum Essen in den Presseclub, wo die Auguren über den Eröffnungsreden brüteten, um versteckte Hinweise zu finden; die wunderbare Combo, die genau in der Lautstärke spielte, die für ein intimes Gespräch nötig war; ein Wodka für vierzig Pfennige, gebracht von den zartesten Erscheinungen, die die Hochschule für das Gaststättenwesen hervorgebracht hat; und die Kollegen aus den DDR-Verlagen, die mit einer Mischung aus Eulenspiegelei und Klage beichteten, welche westliche Literatur nach Meinung der Zensurbehörde für die DDR-Bevölkerung gerade zuträglich war. Philip Roth ja, Beckett nein, aber wir arbeiten dran, denn wir sind ja lernfähig.

Schließlich der Abend bei Hans Marquardt, dem unermüdlichen, schnaufenden Naturwunder, unter Verlagsleitern und Schriftstellern, wie überall auf der Welt bei Buchmessen. Es gab, vor und nach der Ausreise-, Ausschluß-, Verdammungswelle, viel zu reden, denn nun waren wir ja, anders als an der Grenze, verwandt und verschwägert, was heißt: oft anderer Meinung, wie in guten Familien üblich. Wenn schließlich alles, was wir im Gespräch berührten, auf dem Kopf stand, machten Lothar Reher und ich wirkliche Kopfstände, um die Welt wieder ins Lot zu bringen – und wenn die DDR nicht gestorben wäre, würden wir wahrscheinlich immer noch auf dem Kopf stehen, argwöhnisch bestaunt von dem schwerbeleibten Marquardt, dessen wunderbares Meißener Porzellan ja immerhin bedroht war.

Und nach dem Kopfstand, bei wieder klarem Verstand, muß das Foto entstanden sein, das zeigt, wie ich Heiner Müller und den jungen Leuten meine Konzeption eines zeitgemäßen Sozialismus erkläre. Ob sie mich verstanden haben, ist nicht überliefert.

Heiner Müller, Elvira Pradel, N.N., Stefan Richter, Grischa
Meier, Michael Krüger   *Foto: Helfried Strauß*

Literatur als Lebensmittel

Wenn Siegfried Unseld den Raum betrat

Wenn er den Raum betrat, veränderte sich schlagartig die Atmosphäre. Groß gewachsen, breitschultrig, mit weit ausholenden Gesten verschaffte er sich Raum und Gehör. Besonders in dem Alter, in dem andere sich erschöpft vom Geschäft zurückziehen, verbreitete er sofort eine Aura der bestimmenden Aufmerksamkeit, die sich zum Teil aus seinem Mythos des unfehlbaren Verlegers, zum Teil aus seinem lebenslangen Umgang mit berühmten Autoren speiste. Sein unstillbares Interesse galt sowohl seiner verlegerischen Vergangenheit wie dem nächsten Buch, deshalb konnte er getrost auf theoretische Pointen oder soziale Mätzchen verzichten.

Kaum hatte er Platz genommen, kam er zur Sache, und die Sache hieß: Suhrkamp. Es gab (nach und neben Ledig-Rowohlt) keinen anderen deutschen Verleger der Nachkriegszeit, der mit so viel Leidenschaft, Ehrgeiz und Zähigkeit die Literatur verteidigte. Und es gab keinen, der von der Notwendigkeit der Literatur als einem unentbehrlichen Lebensmittel stärker überzeugt war als er. In Deutschland gab (und gibt es) zum Glück einige bedeutende Verleger, aber keinem ist es gelungen, unserem Gewerbe einen so unverwechselbaren Stil aufzuprägen.

Dem Zynismus, der auch bei uns tonangebend geworden ist, setzte er seinen unerschütterlichen Glauben an den Wert der großen Literatur entgegen; dem hegemonialen Anspruch der neureichen Buchkonzerne begegnete er mit der schlichten und stolzen Einladung in sein privates Verlagsarchiv, wo von A (wie Adorno) bis Z (wie Zwetajewa) friedlich nebeneinander stand, was die menschliche Einbildungskraft unter unsäglichen Mühen hervorgebracht hat. Unseld hatte, wie sein Briefwechsel mit dem Freund Uwe Johnson oder seine erduldende Langmut mit dem nicht mehr schreibenden Wolfgang Koeppen bezeugten, durchaus ein Verständnis für diese Qualen, auch wenn seine Neider und Feinde ihm diese Sensibilität für den Schaffensprozeß nicht zugestehen wollten. Er wußte sehr wohl, wie einer leiden konnte, dem das richtige Wort nicht zur Verfügung stand. Vielleicht lag es daran, daß in ihm selbst ein Schriftsteller verborgen war, den er allerdings nur selten zu Wort kommen ließ. Aber seine kleinen Stücke zu Gedichten von Goethe und seine große Studie zu Goethe und dessen Verleger lassen einen Autor sichtbar werden, von dem er selbst sicher mehr hätte drucken wollen.

Siegfried Unseld war großzügig und haushälterisch in einem. Essen und trinken konnte er oft (schon mittags, mit Freunden) wie Gargantua, aber ebenso berühmt wie gefürchtet war sein plötzlicher Entschluß, die Tafel zu verlassen. Kaum hatte er die Tür hinter sich geschlossen, drehte sich das Gespräch nur noch um ihn. Seine Aura blieb gewissermaßen sitzen, während er längst schon im Bett lag. Die letzte Buchmesse fand ohne ihn statt, aber keiner war so anwesend wie er. »How is Siegfried?« – das war die auf einer von ängstlichen Fragen brummenden Buchmesse am häufigsten gestellte Frage an den ausländischen Ständen, wo nicht über Geld, sondern über Literatur geredet wurde.

Daß man sich im In- und Ausland so besorgt nach dem Wohlergehen von Siegfried Unseld erkundigte, hatte nicht nur (aber natürlich vor allem) persönliche Gründe. Denn er war der eloquente Garant einer Buchkultur, die langsam (aber leider sicher) dahinschwindet. An dem würdelosen Geschachere um schwindelerregende Vorschüsse auf drittklassige Manuskripte hat er sich nie beteiligt, für ihn zählte nur das Programm, in dem ein Gedichtband, ein Essay, eine teure (und verlustreiche) Werkausgabe genauso viel galten wie ein erfolgreicher Roman. Der Erfolg eines riesigen Programms hat ihn glücklich gemacht, und trotz seiner oft gehetzten Umtriebigkeit kann man ihn als einen stolzen und glücklichen Menschen bezeichnen.

Wir haben ihm viel zu verdanken. Er gehört zu den wenigen, die in der Nachkriegszeit ausdauernd und zäh daran gearbeitet haben, das Bild vom stillosen, geistfernen, nur am Geld interessierten Deutschen zu verändern. Suhrkamp hatte und war Stil. Siegfried Unseld hatte den Verlag wie eine Eliteuniversität konstruiert. Gegen moderate Kolleggelder konnte man nicht nur der Weltliteratur zuhören, sondern auch der europäischen Philosophie.

Was, fragt man sich immer wieder, hat den Buben aus Schwaben, der aus sogenannten »einfachen Verhältnissen« stammte, angetrieben, diese riesige Architektur aus Büchern aufzubauen und täglich zu erweitern? In einem Gespräch mit Ernst Bloch über »Tod, Unsterblichkeit, Fortdauer« aus dem Jahr 1969 sagt der junge Siegfried Unseld: »Aber genügt es denn nicht völlig, wenn ich das mache, was ich machen möchte, daß ich der Welt das gebe, was ich ihr ganz zu geben vermag; indem ich mich für diese Welt aus- schöpfe, ist mir dann die Frage des Wozu hinterher eher gleichgültig. Sie stellt sich für mich nachher nicht mehr.«

Diese Ansicht hat er, zu unserem Glück, vor seinem Tod noch revidieren können.

Der Wille zum schönen Buch

Katja Wagenbach

Werther Herr,

Heute habe Ich den letzten Correcturbogen der »Jäger-skizzen« an die Fröbel'sche Buchdruckerei abgeschickt und glaube Sie davon benachrichtigen zu müssen. – Zugleich muss Ich Ihnen aufrichtig gestehen, dass, wenn es unmöglich ist, einen besseren Uebersetzer für meine Sachen zu verschaffen, es mir lieber wäre, das ganze Unternehmen zu sistiren. Es kostet mir zu viel Zeit, und überhaupt ist mir die ganze Arbeit sehr fatal. – Der Herr Übersetzer hat eine höchst oberfläch-liche Kenntniss der Russischen Sprache; jedes nicht ganz gewöhnliche Wort, jede etwas originelle Wen-dung ist ihm wildfremd, und er stürzt sich dann in das so missliche Reich des »Ungefähr« wobei die wunder-lichsten, unglaublichsten Sachen herauskommen!! Zu hunderten könnte Ich Ihnen die Exempel zitiren, wo der Sinn des Originals grade zu auf den Kopf gestellt wird! – Z.B.: da ist das Wort: ssajalka – kleiner Teich, Pfütze, – Der Herr Uebersetzer kennt es nicht, *ssajat* heißt: pflanzen – also wahrscheinlich ist das Ding ein Baum. Da steht aber ein Epitheton, das »dunkel, Schmutzig« heisst; schmutziger Baum ... unmöglich! Also schattiger Baum. Gut. Man spricht aber von Enten ... in einem *Baum* können die Enten doch nicht *plätschern* ... Also machen wir *Tauben* daraus. – Und so wird getrost geschrieben: »Tauben sitzen auf einem schattigen Baum« – anstatt: Enten plätschern in einer schmutzigen Pfütze, et sic in infinitum! – Und das nennt man eine Uebersetzung.

Das kann so nicht weiter gehen. Also, bester Herr Behre – entweder einen anderen Uebersetzer – oder genügen wir uns mit den neun erschienenen Bändchen.

Empfangen Sie die Versicherung meiner ausgezeichneten Hochachtung.

Meine Damen und Herren,
wer als gewissenhafter Verleger einen solchen Brief in einem Buch drucken läßt, muß ein gutes Gewissen und eine gewaltige Portion Selbstsicherheit haben. Denn man hat schon beim Lesen die eifrigen, nach oben flatternden Hände der Rezensenten vor Augen, die nun ihrerseits einen Fehler gefunden haben. Normalerweise steht dann in den Rezensionen mit der satten Zufriedenheit der unendlich viel Klügeren, das Lektorat, wenn es denn überhaupt existierte, habe mal wieder geschlafen. Man schaut als gewissenhafter Verleger auf, sieht in die Runde der Kritiker, aber nichts rührt sich: In diesem Falle hat offenbar keiner auch nur einen einzigen Druck- oder Übersetzungsfehler in diesem Buch aus der Friedenauer Presse entdeckt. Dafür allein müßte der Verlag heute den Nobelpreis für Buchkultur erhalten.

Der Brief, aus dem ich vorgelesen habe, stammt von dem russischen Schriftsteller Ivan Turgenev, wurde am 22. November 1874, einem Sonntag, in Paris geschrieben und ging an Bernhard Erich Behre, einen Buchhändler und Verleger in Mitau bei Riga im Baltikum, der zwischen 1869 und 1884 eine zwölfbändige, mehr oder weniger autorisierte Ausgabe ausgewählter Werke von Turgenev in deutschen Übersetzungen veröffentlicht hat. Verleger, das kann man auch im Falle des eifrigen Behre studieren, *müssen* leiden; ob sie auch leiden wollen, ist leider noch nicht hinreichend untersucht worden, obwohl ihre tiefe Lust zur Klage, ihre oftmals pathologische Wehleidigkeit darauf schließen läßt. Etwa zur selben Zeit, da Turgenev seinen Ärger mit Behre hatte, schrieb James Payn in der Illustrated London News (1893): »When one cares of a publisher being shot by an author, it is well to have all the facts before us before expressing disapprobation«; was soviel heißt wie: »Wenn man hört, daß ein Verleger von einem Autor erschossen wurde, sollte man sich erst sehr genau die Umstände ansehen, bevor man sein Mißfallen äußert.«

Der tapfere Behre, von Turgenev und seinen Freunden bald nur noch der Be(h)rserker genannt, *mußte* jedenfalls leiden. Was immer er tat, er tat, wenn wir den Briefen trauen dürfen, das Falsche. Der gesamte Briefwechsel mit ihm, wie er in dem wunderbaren Buch *Werther Herr! Turgenevs deutscher Briefwechsel* abgedruckt ist, zeigt eine Leidensgeschichte, aber auch eine Leidensbereitschaft, die grenzenlos gewesen sein muß. Statt auf den Vorschlag des russischen Dichters einzugehen, es nach all den furchtbaren Verwicklungen und Demütigungen auf beiden Seiten mit den neun erschienenen Bänden genug sein zu lassen, kämpfte der Berserker aus Riga seinen aussichtslosen Kampf gegen dumme Übersetzer, den entnervten Autor und das immer näher rückende Heer der Druckfehler mit allen ihm zur Verfügung stehenden Mitteln so lange weiter, bis er endlich seine zwölf Bände beisammen hat. Eine Heldentat! »In der Stadt Riga gibt es einen lächerlichen Verleger«, mit diesen Worten beginnt ein Bericht Turgenevs über seine Sicht auf diesen Unglücksraben in einem Brief an Ludwig Pietsch vom 15. Januar 1869 aus Carlsruhe. Der Brief endet: »Oh Gott! Oh Gott! – Warum will man mich übersetzen! Hab Ich den Leuten ja nichts gethan!« Im März 1869 fügt er hinzu: »Der ›Behrserker‹ hat augenscheinlich mehr Litteraturkrätze (eine in einem Verleger nie genug zu beherzigende Krankheit!) als Kenntnisse.«

Genug der Furchtbarkeiten! Der große, liebenswerte, uneitle, auch in seinen deutschen Briefen unvergleichliche Autor von *Väter und Söhne* hatte für seinen Verleger nur Verachtung übrig – aber er war andererseits natürlich eitel genug, sich die zwölf Bände seiner Werke gefallen zu lassen. Zu Lebzeiten erfahren Verleger ja nur selten, was Autoren über sie denken. Man hält sich an die Gepflogenheit zivilisierter Gesellschaften und hält die Klappe – aber in Briefen an Freunde nimmt man kein Blatt vor den Mund. Und wenn der Autor dann auch noch berühmt wird und sogar berühmt bleibt, dann kommt all die schmutzige Wäsche eines Tages ans Tageslicht. Ich fordere also Mitleid für Behre! Und jetzt wird es Zeit, endlich zu etwas uneingeschränkt Positivem zu kommen.

Da ich hier eine Verlegerin rühmen darf und selbst in diesem Gewerbe tätig bin, will ich aber noch erwähnen, daß Behre das Schicksal ereilt hat, das Čechov 1902 für Turgenev – falsch – vorausgesagt hatte: »Von diesem Schriftsteller werden ein Achtel oder ein Zehntel von dem bleiben, was er geschrieben hat. Alles Übrige wandert in fünfundzwanzig bis fünfunddreißig

Jahren ins Archiv.« Nicht einmal in der Geschichte des deutschen Buchhandels, in keinem Lexikon der gängigeren Art ist Behres Name noch zu finden. Ich gestehe nämlich, daß ich, wenn auch nicht lange, nach dem armen Behre geforscht habe, einmal aus Mitleid, aber auch weil ich, was mir noch nie vorher mit einem Buch der Friedenauer Presse passiert war, einem Druckfehler oder einem Fehler auf die Spur gekommen zu sein glaubte. Im Verzeichnis von Turgenevs deutschen Korrespondenten steht nämlich zu lesen, der Verleger Behre habe von 1852 bis 1881 gelebt, und das würde bedeuten, daß er mit fünfzehn Jahren Turgenevs Verleger geworden wäre, was nicht einmal vor der russischen Revolution möglich war, und schon mit neunundzwanzig Jahren seinen Verlegerberuf mit seinem Leben aufgeben mußte, was wiederum glaubhaft klingt, aber trotzdem nicht wahr ist. Das kann nicht sein, dachte ich, eine Jahreszahl ist falsch, endlich ein Druckfehler!

Liebe Katja – ich will und soll dich rühmen! Und nichts fällt mir leichter, weil ich nun seit Beginn den Büchern deines Verlags, und ganz besonders der sorgfältigen russischen Edition von Peter Urban, die schönsten Lesestunden verdanke.

Mein Vergnügen beginnt immer damit, daß ich deine Bücher, wenn der Karton sie hergegeben hat, anders anfasse als die meisten anderen Bücher. Zum Beispiel die Friedenauer-Presse-Drucke mit dem rauhen Umschlagkarton in englischer Broschur, die den maximal zweiunddreißigseitigen Heften im großen Format Halt und Stil geben, die sorgfältige, den Text zu höchster Lesbarkeit steigernde Typographie; der klare Druck, oft von der Druckerei Gericke, die ich noch aus den Tagen von Günter Bruno Fuchs kenne; die bei so vielen normalen Büchern schmerzlich vermißte Fadenheftung – jeder Pressendruck aus Friedenau ist ein kleines, bescheidenes, aber doch auch stolzes und selbstbewußtes, in jedem Fall ganz unwagnerisches Gesamtkunstwerk. Und weil die Serie im Format etwas größer angelegt ist als die meisten anderen Bücher, findet man die Hefte trotz der wegen des geringen Umfangs notwendigerweise fehlenden Rückentitel im Bücherregal wieder. Ich glaube, ich habe im Lauf der Jahre alle Hefte gelesen, die zusammengenommen eine stabile papierene Brücke aus dem 18. Jahrhundert ins 20. Jahrhundert schlagen: von Diderot und de Quincey bis zu Lenau und Leopardi, von Turgenev bis zu dem immer noch nicht hinreichend berühmten metaphysischen Clown Daniil Charms, von Alfred Döblin zu Wolfgang Hilbig und Jürgen Theobaldy. So ist eine Bibliothek der kurzen Schriften entstanden, die sich einmal deinen sehr persönlichen Interessen verdankt, zum anderen den Zwängen des Umfangs: alles, was sich breiter macht als zweiunddreißig Seiten, muß draußen bleiben. Dieser »Zwangscharakter«, wenn ich so sagen darf, in Verbindung mit deinen »östlichen« Vorlieben und deiner offenbar unstillbaren Neugier entwickelte eine besondere Logik, denn plötzlich stehen Texte nebeneinander, die vorher nie im Traum an eine solche Nachbarschaft gedacht hatten: Der hinreißende französische Naturforscher Jean-Henri Fabre mit seinen Beobachtungen über die Luft verträgt sich plötzlich ganz ausgezeichnet mit Wolfgang Hilbigs *Über den Tonfall*, und Melvilles *Hunilla, die Chola-Witwe* steht neben den *Küssen* des Johannes Secundus in einem ganz anderen Licht da.

Und dazwischen die Entdeckungen: der Tscheche Ivan Wernisch und seine schon vergessen geglaubte Landsmännin Vera Linhartová, die Holländerin Judith Herzberg und der englische Texaner Christopher Middleton, alles hochzivilisierte Herrschaften, die sich kurz fassen, um bei dir Eintritt zu erheischen. Und du kleidest sie alle in einen Traum von Druck und Papier, damit sie in deinem Friedenauer Ballett *bella figura* machen.

Aber das ist nur die eine Seite deiner Tätigkeit, die fragile, tänzerische der Pressendrucke. Denn daneben gibt es noch die dicken Bücher, auf die leidenschaftliche Leser geradezu sehnsüchtig warten, und zwar zu einer ganz bestimmten Jahreszeit: Es sind die sogenannten Winterbücher. Ach, die Winterbücher für die kalten Tage, die Ohrensessel- oder Sofa-Bücher, für die man alles liegen läßt, die mit der kauzigen Grafik von Horst Hussel verzierte rauhe Büttenschale um einen heißen Kern: Isaac Babels *Reiterarmee* und sein *Tagebuch 1920*, Čechovs *Drei kleine Romane*, Bunin und Charms, Charles Darwins *Sind Affen Rechtshänder?* und Teguis *Von der Anmut im Schlafe*, Enzensbergers *Requiem für eine romantische Frau*, die Geschichte von Auguste Bußmann und Clemens Brentano, Puschkins *Erzählungen* und Richard Weiners *Bader*, auch Soazig Aarons *Klaras Nein* mit dem Vorwort von Jorge Semprun, alles Bücher, die einem in der Hand und dann im Kopf bleiben und die man immer wieder hervorzieht, wenn einem die Realität bedrohlich und langweilig zu werden verspricht. »Ein Buch ist«, heißt es bei Valéry, »vom Stofflichen her betrachtet, vollkommen, wenn es angenehm zu lesen und köstlich anzuschauen ist – wenn schließlich der Übergang vom Lesen zum Anschauen und der gegenläufige Übergang vom Anschauen zum Lesen bequem vonstatten gehen und unmerklichen Veränderungen innerhalb der Anpassungsbreite des Sehvermögens entsprechen. Dann machen die bedruckten und die weißen Flächen uns wechselseitig das Geschenk, im einen von dem anderen ausruhen zu können; das Auge geht mühelos in seinem wohlgeordneten Reiche herum, findet darin das Ganze und die Einzelheiten in guter Ordnung und hat das Gefühl, inmitten der idealen Bedingungen für die Erfüllung seines Daseinszweckes gelandet zu sein.«

Katja hat den Willen zum schönen Buch als genetische Disposition in die Wiege gelegt bekommen, von ihrem Urgroßvater Moritz Wolff, dem großen russischen Verleger, aber auch vom Vater Andreas Wolff, der in Friedenau die Wolff'sche Bücherei betrieb und selbst wunderbar ausgestattete Presse-Drucke herausgab, von Günter Grass bis Günter Bruno Fuchs, den Friedenauer Schriftstellern, die sich in der Buchhandlung die Klinke in die Hand gaben. Es ist ein Glück, daß Katja diese Tradition aufgenommen und fortgeführt hat nun schon seit fast fünfundzwanzig Jahren. Das beglückendste aber an diesem Spezialverlag für außergewöhnlich schöne und außergewöhnlich schöngemachte Bücher ist der Mangel an Willen zur Macht: Er wird größer nur durch Tradition, nicht aber, weil die Verlegerin mit Bertelsmann konkurrieren möchte. Wenn also jemand den Kurt-Wolff-Preis zur Förderung einer vielfältigen Verlags- und Literaturszene verdient hat, dann ist es Katja Wagenbach und ihre Friedenauer Presse. Ihr Wappentier ist der Kranich, der, wie es heißt, Schleifen in der Luftröhre hat, die ihm seine trompetenden Rufe ermöglichen. Alle Trompeten sollen heute zu Katjas Lob ertönen.

Wenn heute über kleinere Verlage gesprochen wird, dann gehört es zum guten Ton, daß im selben Atemzug davon gesprochen wird, daß die großen Verlage ihre schöne Aufgabe nicht mehr ordentlich wahrnehmen. Mag sein, mag nicht sein. Es gibt wunderbare Bücher in großen Verlagen, und es gibt schreckliche Kleinverlage, deren Bücher man außerordentlich ungern in die Hand nimmt. Alles, was Valéry über das Buch gesagt hat, gilt nicht für alle Verlage, ob groß oder klein. Wenn aber der Förderpreis der Wolff-Stiftung heute an Daniela Seel und den Kookbooks Verlag geht, dann wird einer der besten kleinen Verlage gefördert, von denen es in den letzten Jahren so viel und so Gutes zu berichten gab. Ich bin Daniela Seel ein einziges Mal begegnet, und zwar bei unserem Bundespräsidenten, der sich über den Stand des Lesens in unserer Gesellschaft informieren wollte. Lauter gestandene Herren und Damen waren zum Frühstück erschienen, und unter ihnen, mit einem riesigen Rucksack, der ihr das Aussehen einer edlen Weinbergschnecke verlieh, auch Daniela Seel. Offenbar hatte sie all ihre Bücher in diesem Rucksack versammelt, unter anderem auch das Kinderbuch *Luise und das langweiligste Buch der Welt*. Wenn Daniela Seel gerade nicht beim Bundespräsidenten frühstückt, verlegt sie ihre Bücher, gerne auch Gedichtbände, die normalerweise weder in Verlagen noch in Buchhandlungen besonders geliebt werden. Gerhard Falkners Gedichte sind bei ihr erschienen und die *Vereinzelten Passanten* von Ron Winkler, und für die Gedichte von Uljana Wolf, einen Erstling, wird sie demnächst symbolisch den Peter-Huchel-Preis erhalten. Der Verlag ist mittlerweile so groß, daß er Büros in Idstein und in Berlin unterhält, und die Verlegerin ist mit ihrem vielversprechenden Rucksack zwischen beiden Orten unterwegs, um ihre zeitgenössische, schöne Ware an den Leser zu bringen.

Es ist beruhigend, daß es einen Verlag wie Kookbooks gibt, weil mit dieser Neugründung sichergestellt ist, daß es mit der Literatur weitergeht, und daß sie ihr individuelles Gesicht behält.

Ich möchte noch einmal Valéry zitieren:

»Der Geist des Schriftstellers blickt sich im Spiegel an, den ihm die Druckerpresse liefert. Wenn das Papier und die Schwärze aufeinander eingehen, wenn die Schrift dem Auge liegt, wenn der Satz mit Sorgfalt angelegt, der Satzspiegel vollendet ins Maß gebracht, das Blatt gut gedruckt ist, dann fühlt und spürt der Autor seine Sprache und seinen Stil neu. Er erlebt bei sich Verlegenheit und Stolz. Er sieht sich mit Ehren bekleidet, die ihm vielleicht nicht gebühren. Er glaubt, eine viel bestimmtere und festere Stimme als die seine zu vernehmen; er glaubt zu hören, wie eine unerbittlich makellose Stimme seine Worte ausspricht und jedes in bedrohlicher Weise von dem anderen absetzt. Alles, was er an Schwachem, Teigigem, Beliebigem, Ungefälligem geschrieben hatte, spricht nun zu hell und zu laut. Es wird einem ein sehr wertvolles und sehr bedrohliches Urteil gesprochen, wenn man herrlich gedruckt wird.«

Ich wünsche beiden Damen, Katja Wagenbach-Wolff und Daniela Seel, daß sie noch viele weitere wertvolle und bedrohliche Urteile fällen.

Herzlichen Glückwunsch!

Der Hanser Verlag
wird fünfundsiebzig

Wie und auf welche Weise wir letztendlich die Frage beantwortet haben, ob wir den 75. Geburtstag des Verlages in Zeiten des heißen und des kalten Krieges und der zaghaften, aber insistenten Rezession feiern sollen oder nicht, hat sich inzwischen bis in diese Muffathalle herumgesprochen: Ja, wir wollen ein Fest feiern. Natürlich gibt es ältere und dementsprechend honorigere Verlage – wenn dieser Komparativ in unserer Gesellschaft noch erlaubt ist – wie Cotta oder Insel –, die vielleicht mehr Grund haben, sich zu feiern oder sich feiern zu lassen, denn das ist ja in den meisten Fällen der Hauptgrund für diese mit viel Arbeit verbundenen Veranstaltungen: Man will doch ganz gerne wissen, was die anderen von einem denken – und man denkt eben gnädiger über einen, wenn der sich mit einem Fest revanchiert. Nun hat aber die nicht nur aus demographischen Gründen betriebene Vergötzung der offenbar vom Aussterben bedrohten Jugend einerseits und die rasante Entwicklung unserer Branche andererseits dazu geführt, daß bereits der zehnte Geburtstag wie toll gefeiert wird, als hätte man Angst, den zwanzigsten nicht mehr zu erleben – so wie Schlagersänger, Tennis- und Fußballspieler und Fußballspielergespielinnen um die dreißig mit großem Getöse ihre Memoiren veröffentlichen, weil sie Angst haben, daß sie mit vierzig keiner mehr auf der Straße erkennt. Unter diesen Vorzeichen sind wir *hornalt* geworden, jedenfalls weit über das Rentenalter hinaus. Ein alles andere als hämischer Journalist hat sogar das Durchschnittsalter der Autoren unseres Herbstprogramms errechnet und mich bedenklich über den Brillenrand hinweg angeschaut. Ich habe den vielsagenden Blick kalt und eindeutig erwidert. Denn ich bitte zu bedenken, daß es trotz des grassierenden Jugendkults viele der älteren Herrschaften unserer Republik sind, die unsere manchmal anämisch aussehende Kultur mit Ideen und Stoff versorgen: von Günter Grass bis Hans Magnus Enzensberger, von Jürgen Habermas bis Ludwig Harig, von Oskar Pastior bis Paul Wühr, lauter gesetzte Herren, die sich gottlob überhaupt nicht gesetzt benehmen. Mit anderen Worten: Wir haben allen Grund zu feiern. Und die Selbsterlaubnis, die wir uns gegeben haben, hat neben der Ancienität, für die wir, die Nachgeborenen, nur mittelbar etwas können, einen Hauptgrund: wir sind tatsächlich mächtig stolz darauf, daß es uns noch *so* gibt, wie wir uns heute präsentieren. Denn eigentlich dürfte es uns aus vielen Gründen gar nicht mehr geben, aus privaten, strukturellen, betriebswirtschaftlichen und anderen, die ich Ihnen gar nicht zumuten will. Keiner hätte der Familie von Carl Hanser einen schweren Vorwurf machen können, wenn sie den Verlag nach einer der Pietät geschuldeten Zeit unter ein größeres Dach gegeben, vulgo: verkauft hätte. Das haben andere auch getan, die vorher immer auf ihre Unabhängigkeit gepocht haben. Aber wir sind eben nicht nur nicht verkauft worden, sondern wir dürfen unser altmodisches Gewerbe sogar dort ausüben, wo Ruth Beisler früher ihre

Spielsachen aufbewahrt hat: Ich selbst habe mein Büro auf dem inzwischen ausgebauten Dachboden des Privathauses von Carl Hanser, in der äußersten Ecke, wo es einstmals undurchdringlich dunkel war. Jeder weiß, welche heikle Rolle Dachboden und Keller in der psychoanalytischen Literaturtheorie spielen, deshalb will ich auch gleich verraten, was wir im Keller haben: Standplätze für Autos nämlich, was ein zarter Hinweis sein soll auf unsere schier unerschöpfliche Mobilität. Und das Schwimmbad von Carl Hanser – um bei der Psychologie zu bleiben – durften wir in unseren Konferenzraum verwandeln – was nicht heißen soll, daß wir so anmaßend sein wollten, über Wasser gehen zu können, sondern daß es uns erlaubt wurde, Flüssiges in Festes zu überführen – um die eine immer noch gültige Definition der Verlegerei zu bemühen. Wir sitzen auch nach 75 Jahren auf eigenem, festem Grund. Ich benutze hier also die gute Gelegenheit, Frau Ruth Beisler und ihrer Familie dafür zu danken, daß sie dem Wunsch von Carl Hanser, den Verlag unabhängig zu belassen, so voll und ganz entsprochen hat. An dieser Stelle kann ich schnell noch einen Dank einschieben, nämlich an unseren Aufsichtsrat, Dr. von Lucius, Dr. Bracker und Dr. Weiß, der uns, mit einem sicheren Auge für die Schwachstellen und einem geübten Auge für unsere Stärken, seit vielen Jahren mit hohem Sachverstand und ohne jede kleinliche Besserwisserei beratend begleitet hat. Und noch ein Einschub: Wenn ich hier ›ich‹ oder ›wir‹ sage, meine ich in der Regel den gesamten Verlag, also uns, und nur in Ausnahmefällen mich; eine weitere Ausnahme ist das ›uns‹, das ich in Verbindung mit dem Aufsichtsrat benutze habe: Es meint sowohl uns, den Verlag, als auch die drei Geschäftsführer, Wolfgang Beisler, Stephan Joß und mich, die mich, den Ältesten und ausschließlich in diesem Verlag grau gewordenen Kollegen, gebeten haben, die Lobrede zu halten, weil auch sie, trotz ihrer beneidenswerten Jugend und unerschöpflichen Vitalität, das Alter respektieren, *obwohl sie*, wie ich aus bitterer Erfahrung weiß, eine sowohl gründlichere als auch witzigere, also angemessenere Rede gehalten hätten.

Ich sagte, wir seien stolz darauf, daß es uns in der Form, in der wir uns heute präsentieren, überhaupt noch gibt. Denn tatsächlich sind die drei oder – wenn man so will – sechs Verlage, die sich unter den zwei eigenen Dächern der Kolberger- und Vilshofener Straße und unter dem gemieteten Dach der Mauerkircherstraße zusammendrängen, um sich gegenseitig Wärme zu geben im frostigen Klima der gegenwärtigen ökonomischen Situation, von höchst unterschiedlicher Art. Einem normalen Kaufmann würden die Haare zu Berge stehen, wenn er nur an die halbe Hundertschaft der Vertreter denkt, die zum Teil unsere Bücher und Zeitschriften verbreiten soll und zum Teil dafür verantwortlich ist, daß die Anzeigen hereinkommen. An die drei Herstellungsabteilungen, die sich, obwohl das Ergebnis in aller Regel viereckig und bedruckt ist, inzwischen sehr verschiedener Technologien bedienen. An die drei Werbeabteilungen, die sehr wohl einen Unterschied machen müssen bei der Kundschaft für *Prozeßrechnen als speicherprogrammierbares Steuersystem für Schleifmaschinen* und dem *Buch der lächerlichen Liebe.* Und auch der gut gemeinte Vorschlag des normalen Kaufmanns, ob man nicht wenigstens das Lektorat von *Werkstatt und Betrieb* und Goethes Werken unter einem Hut versammeln könne, wo doch im Grunde alle nur ein Ziel vor Augen haben, nämlich ein klares, verständliches, gutes Deutsch, auch dieser Vorschlag verfängt nicht, obwohl er auf den ersten Blick einleuchtend klingt. Es muß getrennt bleiben, auch wenn es zusammengehört. Immerhin haben wir – neben bestimmten Vorstellungen von »Qualität und Zuverlässigkeit« – eine, wenn ich richtig informiert bin, gemeinsame EDV oder IT (für die Lyriker unter uns: Elektronische Datenverarbeitung beziehungsweise Informationstechnologie), einen einzigen Betriebsrat und eine gemeinsame Kantine. Und – auch das haben wir gemeinsam – wir halten diesen für einen normalen Kaufmann völlig abwegigen Zustand für völlig normal, um nicht zu sagen: ideal. Ideal nämlich in dem Sinne, wie er für das 18. Jahrhundert noch selbstverständlich war, daß Literatur, Philosophie, Naturwissenschaft und Technik sich zur Erklärung der Welt zusammenfanden.

Dieses von uns Kolbergern wie Vilshofnern nie bezweifelte Ideal hat nun eine 75-jährige Geschichte, und sie beginnt, wie so viele Geschichten, im Paradies, von dem ja auch fast jeder eine andere Vorstellung hat. Paradiesisch jedenfalls in manchen Buchhändlerohren klingen die Anfänge, als nämlich anno 1928 der 1901 geborene und eben mit einer philosophischen Doktorarbeit über *Das Wahrheitsproblem bei Lotze im problemgeschichtlichen Zusammenhang* promovierte Carl Hanser im Börsenblatt sein erstes Programm ankündigte. Es bestand aus sage und schreibe einem einzigen Buch, dem Roman *Die Liebe des Nikolai Pereslegin* von Fedor Stepun. Ein einziges Buch von einem bis dahin völlig unbekannten Autor, der auch noch russischer Emigrant war, so fing die Verlagsgeschichte an. Ein Jahr später kam noch eines von Stepun hinzu, da waren es schon zwei. Um sich von diesem Ausstoß zu erholen, wurde 1930 kein einziges Buch verlegt, dafür erschienen im folgenden Jahr gleich zwei Bücher, die »Gedichte« von Herbert Böhme, die in keiner Anthologie mehr zu finden sind, und die »Tragikkomödie der Geschlechter« von Oskar A. H. Schmitz. In den sechs Jahren bis 1933 hatte der Verlag immerhin sieben Titel vorgelegt, dann machte die Literatur bis 1946 Pause, während der neu gegründete Fachverlag mit dem 1933 erschienenen bahnbrechenden Titel »Fehlernachweis in ferromagnetischen Werkstoffen nach dem Feilspäneverfahren« seine Karriere begann. Dieses – wenn ich so sagen darf – überschaubare, auf keinen Fall ausufernde, in jedem Fall unter heutigen buchhändlerischen Bedingungen buchhändlerfreundliche Programm enthielt schon die beiden Seiten der Münze, für die der Verlag dann viel später in unserer kleinen Welt der Bücher berühmt werden sollte und mit der wir noch immer rechnen: Fachbuch, Zeitschrift und Literatur. Wobei ich – um der Gerechtigkeit willen – hinzufügen muß, daß viele Jahre lang der Fachverlag die Zahl bedeutete, die literarische Produktion dagegen, wenn auch nicht den Kopf, so doch immerhin das Dekor abgab. Aber es gehört eben auch zu unserem Programm der gegenseitigen Hilfe, daß der Fachverlag es in der Nachkriegszeit zugelassen hat, daß der Literaturverlag sich entwickeln konnte und heute Kopf und Zahl von allen Verlagsteilen gleichermaßen bedient werden. Der Kampf um Gleichberechtigung aber dauerte lange. Denn es war keineswegs so, daß der Verlag immer auf zwei Säulen ruhte, wie die Gebildeten sich ausdrückten, sondern auf einer Säule und einer – wenn auch gebildeten – Krücke. Und die weniger Gebildeten sprachen sogar von der Milchkuh, die das Heu brachte, und dem Reitpferd, das das Heu auffraß. Man war zwar mit vollem Recht stolz auf die von Herbert Göpfert edierten Klassiker, aber daß ein Autor wie Fontane, der erst im Pensionsalter seine Hauptwerke zu schreiben begann, am Ende mehr als zwanzig Dünndruckbände besetzen würde, das ging eigentlich zu weit. Andererseits setzte sich bald die Einsicht durch, daß die Klassiker nicht veralten, während im Zuge der technologischen Entwicklung ein großer Teil der Fachbücher ständig umgeschrieben werden mußte. Die grausame Wahrheit allerdings ist, daß wir, zum Kummer von Carl Hanser, auch die Klassiker nicht nur ständig umgeschrieben, sondern auch so intensiv erweitert haben, bis der Kommentarteil den Umfang der Primärtexte endlich überflügelt hatte.

Mit anderen Worten, neben dem prosperierenden, angesehenen, schnell wachsenden Fachverlag, über dreißig Jahre lang von Joachim Spencker geleitet, der heute unter uns ist, nahm sich die literarische Abteilung eher schmächtig aus, trotz der *Akzente*, die Mitte der fünfziger Jahre gegründet wurden und die in diesem Jahr ihren fünfzigsten Jahrgang feiern, trotz so bedeutender Autoren wie Ivo Andrić und Yasunari Kawabata, den ersten Nobelpreisträgern des Verlags, oder Jorge Luis Borges und den polnischen Autoren, die Karl Dedecius für uns entdeckte.

Es war der viel zu früh verstorbene Christoph Schlotterer, damals mit Joachim Spencker Geschäftsführer, der dem literarischen Verlag die Basis schuf, auf der wir dann aufbauen konnten. Aber auch der

Fachverlag hat in jenen Jahren rastlos aufgebaut und neue Zeitschriften erfunden und neue Buchprogramme für neue Technologien entwickelt und sich neuerdings sogar auf buchfremdes Terrain begeben, ins Seminargeschäft und den Online-Verkehr. Es wurden ständig neue Mitarbeiter eingestellt, die oft nicht wußten, wo sie sich hinsetzen sollten, so daß sich eines Tages zwei mittelständische Muskelprotze – ich würde sagen: gut genährtes Weltergewicht – gegenüberstanden, die sich den Platz streitig machten. Um es nicht zu offenen Kampfhandlungen kommen zu lassen, wurden sie getrennt und auf die beiden schon erwähnten Häuser verteilt, wobei Kasse und Verwaltung zunächst in der Kolbergerstraße verblieben – dann aber, um Neid gar nicht erst aufkommen zu lassen, an einen neutralen Ort in der Mauerkircherstraße verbracht wurden, so daß jetzt jeder, der Geld oder Rat braucht, exakt den gleich langen Weg gehen muß, auch bei Regen, nämlich fünfhundert Meter. Das war, ich kann es nicht anders sagen, eine der großen zivilisierenden Maßnahmen, zu denen eben nur ein auf zwei gleichermaßen belastbaren Beinen stehender Verlag fähig ist. Man geht höflicher miteinander um. Man respektiert die Programme der anderen, auch wenn man nicht genau weiß, was sich hinter den anrüchig-esoterisch anmutenden Titeln versteckt: *Einführung in die Monte-Carlo-Methode* – im Fachverlag? Was kann das sein? Da ist man bei den handfesten Titeln besser aufgehoben: *Torsionssteifigkeit und Bohrverhalten von Spindelbohrern mit Sonderprofilen.* Umgekehrt gilt das gleiche: *Das falsche Buch*, immerhin 800 Seiten, oder *Der wilde Marktplatz* oder *Lesungen mit Tinnitus*, wer solche seltsamen Titel produziert, dem wünscht man gerne Glück. Man erkundigt sich eindringlicher, wie die Geschäfte gehen. Und da wir in Bogenhausen ja nicht gerade in einer Gegend arbeiten, wo viel auf der Straße los ist, erkennt man sich sogar auch dann, wenn man sich noch nicht kennt. Auch für die linguistische Vielfalt in unserem vordem nur bayerisch sprechenden Viertel haben wir gesorgt: Der Fachverlag hat ein englischsprachiges Programm aufgebaut, das in Cincinnati vertrieben wird, und nach der Wende den Fachverlag Leipzig gekauft, der uns mit dem Idiom der neuen Bundesländer versorgt, der Literaturverlag hat durch die Gründung des Kinderbuchverlags vor zehn Jahren die Sprache der Bären und Karnickel in Bogenhausen heimisch gemacht und außerdem dafür gesorgt, daß durch den Kauf von Zsolnay das Österreichische und durch den Kauf von Nagel & Kimche das Schwyzerdütsche in den Straßen gehört wird, wo früher durch Thomas Mann und Erich Kästner nur das Hochdeutsche als Fremdsprache gesprochen wurde. Schließlich muß noch der Sanssouci Verlag erwähnt werden, den wir nicht nur des sorglosen Namens wegen ebenfalls in der Vilshofener Straße angesiedelt haben, wo er, was ja eigentlich in den Fachverlag gehört, durch die Herstellung von Kühlschränken auffällig wurde.

Diese Anhäufung edler und wohlklingender Verlagsnamen könnte zu der naheliegenden, aber grundfalschen Vorstellung verführen, hinter der Maske Hanser habe sich eine Art multikultureller Mischkonzern gebildet. Ein wohlmeinender Kollege von Bertelsmann hat uns kürzlich in der FAZ sogar in so leuchtenden Farben gemalt, daß in der mit den wahren Machtverhältnissen nicht vertrauten Öffentlichkeit der Eindruck entstand, wir seien gerade dabei, das große Random House zu schlucken. Hanser Fachbuch und Springer Wissenschaft – ich gebe zu, das wäre eine reizvolle Kombination für die Kolbergerstraße gewesen. Aber erstens gehören wir nicht zu denen, die im Übermut auf Pump Verlage aufkaufen, weil wir zweitens die altmodische Meinung vertreten, daß man nur so viele Bücher im Jahr veröffentlichen sollte, wie man sie in einem Jahr auch lesen kann.

Nein, wir kennen unsere Grenzen, es besteht keine Gefahr der Überschätzung. Wir wissen sehr genau, wie schwer es ist, unter heutigen Bedingungen ein Programm wie unseres zu planen, zu bezahlen und zu verkaufen. Um so mehr freut es uns, wenn die von uns verlegten Autoren auch öffentlich ausgezeichnet werden: George Steiner erhielt den Börne-Preis der Stadt Frankfurt, in der Paulskirche, wo im Oktober Susan Sontag den Friedenspreis des Deutschen Buchhandels erhält; Herta Müller und Christoph Meckel erhalten den Breitbach-Preis, Reinhard Jirgl den Kranichsteiner Literaturpreis, Elke Heidenreich den Rheinischen Kulturpreis, Charles Simic den Poesie-Preis der Bayerischen Akademie der Schönen Künste, Hanna Johansen den Solothurner Literaturpreis, um nur einige der gepriesenen Autoren aus diesem Jahr zu nennen. Und wir würden sogar unsere vornehme Zurückhaltung aufgeben und im Dezember ein weiteres Fest einplanen, wenn auch der diesjährige Nobelpreis an einen von uns verlegten Autor ginge, Kandidaten haben wir genug.

Glauben Sie nicht, wir seien ruhmsüchtig! Unsere Freude ist aufrichtig und ohne jede einschränkende Beimengung, weil wir ja aus erster Hand wissen, unter welchen Mühen und Qualen diese ausgezeichneten

Werke oftmals entstanden sind. Und wir wissen auch, daß wir, als Vertreter der Autoren, nur ein Glied in der Vermittlungskette bilden, an deren Ende der Leser steht. Ohne den Buchhandel, den großen Empfehler und Verteiler, und ohne das Feuilleton, für uns insbesondere die Literaturseiten, ohne Radio und Fernsehen als die unverzichtbaren Beurteiler wären wir verloren. Nun haben wir allesamt einen schweren, heißen Sommer hinter uns, keiner ist bisher ganz ungeschoren durch dieses Jahr gekommen, weder die Verlage noch der Buchhandel noch der Kulturjournalismus – und auch manche Autoren mußten Federn lassen. Wir müssen uns also gemeinsam etwas einfallen lassen – und wir müssen kämpfen.

Dieser Kampf lohnt sich. Wer schon etwas länger auf der Welt ist, hat bereits einige Wellen der Buchverachtung, der voreiligen Nachrufe und der resignierten Verzichtserklärungen angesichts des Triumphzugs der elektronischen Medien miterlebt. Aber, und das ist das Fazit unserer 75-jährigen Geschichte, es gibt noch immer kein Medium, das unser Wissen und unsere Erinnerungen, unsere ästhetischen Vorstellungen und unsere Verzweiflungen so zuverlässig in eine traditionelle und tradierbare Form bringen kann. Das Buch ist noch immer unschlagbar. Und wenn die Politik ein Vorbild braucht, an dem sie sich bei ihrem Bemühen um die Einheit Europas und das Verständnis in der Welt orientieren kann, dann muß sie sich nur an die Verlage halten. Die Macht der Vernunft und der Imagination, für die viele deutsche Verlage eintreten, kennt keine politischen, nationalen und sprachlichen Grenzen, das gilt für die Technik wie für die Literatur gleichermaßen. Ich will bei dieser Gelegenheit noch einen

Dank an die Übersetzer einfügen, ohne deren Vermittlung diese Arbeit nicht zu leisten wäre. Unabhängig davon, daß wir uns auf höchster Ebene, wo die Luft dünner wird, immer um Geld streiten, sind die Übersetzer auf der Ebene der täglichen Praxis unsere zuverlässigsten Mitstreiter.

Und damit bin ich wieder bei uns angekommen, bei meinen Kolleginnen (der Mehrheit) und meinen Kollegen (einer tapferen Minderheit). Wenn wir heute den 75. Geburtstag des Hanser Verlags feiern, dann feiern wir neben all den bewußt ungenannt gebliebenen Autoren und Übersetzern und Illustratoren und Buchhändlern und Kritikern und all den ebenfalls nicht namentlich erwähnten Druckern und Bindern und den vielen anderen, die unsere Bücher herstellen und vertreiben, auch uns. Keiner von uns kann sagen, er leide unter einem akuten Mangel an Arbeit, für manche ist es fast schon zu viel. Wenn ich, was mir leicht fällt, da ich um die Ecke wohne, am Wochenende in den Verlag komme, um mal ganz allein den verführerischen Duft der Bücher einzuatmen, denke ich manchmal, ich hätte mich im Tag vertan: Ganze Abteilungen sind besetzt, aus manchen Zimmern kommt Radiomusik, die Kaffeemaschine läuft wie an Wochentagen, nur brummt sie etwas sonntäglicher. Man vergißt dann leicht, daß wir alle Angestellte sind, wenn sich keiner wie ein Angestellter benimmt. Ich will dieses Phänomen hier nicht weiter untersuchen, schon gar nicht unter dem gewerkschaftlichen Gesichtspunkt der Überstunden – ich will nur gestehen, daß es mich mit klammheimlicher Freude erfüllt, daß der Verlag mit seinen Büchern auch am Wochenende nicht allein ist. Er langweilt sich nie.

Dafür, daß Sie dafür sorgen, daß der Verlag nicht einschläft, sondern an allen Gliedern munter und beweglich bleibt, möchte ich Ihnen allen danken – am liebsten jedem einzelnen und ganz besonders auch denen, die am Wochenende zu Hause bleiben, damit sie einmal in Ruhe die Bücher und die Zeitschriften lesen können, die wir verlegen.

Sie merken, ich habe keinen Namen genannt, aber jeden angesprochen, und manch eine mehr als mehr. Literatur, wie wir sie verlegen, hat nicht nur mit Ideen und Worten, mit Druck und Papier, mit Leidenschaft und Stil zu tun, sondern vor allem mit Menschen. Es ist, und dieses Geständnis geht mir leicht von der Zunge, ein großes Vergnügen, mit so vielen intelligenten, buch- und menschenklugen, hilfsbereiten und inspirierenden Menschen zusammenarbeiten zu dürfen. Und da Literatur, wie wir inzwischen aus allen verläßlichen und unverläßlichen Quellen wissen, auch etwas mit Alkohol zu tun hat, möchten wir – das sind jetzt wieder Wolfgang Beisler, Stephan Joß und ich – Sie deshalb bitten, heute ausnahmsweise einmal nicht auf die unvergängliche Schönheit der Poesie und die lebensnotwendige Kraft des Fachbuchs, sondern auf das Wohl des Verlags und seiner wunderbaren Mitarbeiter zu trinken.

Besuch bei einem Verleger

Ein Selbstporträt

Haben Sie mal eine Zigarette, ich gewöhne mir gerade das Rauchen ab, so lautet die herzliche Begrüßung. Wir haben uns in seinem Büro verabredet, in München-Bogenhausen, einen Steinwurf von Thomas Manns (nicht mehr existierendem) Haus in der Poschinger Straße entfernt. Entweder vor neun oder nach sieben, hatte er am Telefon gesagt, dazwischen muß ich arbeiten. Kaum habe ich sein Zimmer betreten, weist er mit ausgestrecktem Arm auf eine riesige Buche vor seinem Fenster, die mit ihren gelb-rot gefärbten Blättern wie ein loderndes Feuer aussieht. Wissen Sie, wieviel Liter Wasser dieser Baum täglich bis zu dreißig Meter hoch und in jeden noch so kleinen Ast pumpen muß? fragt er mich. Ich schwieg, weil ich ja eigentlich über Bücher reden wollte. Ob er seine Kollegen auch mit solchen Fangfragen überrumpelt? Ein Kraftwerk, sagte er nun milde und hält mir einen knappen Vortrag über Photosynthese und Wasserbevorratung in Bäumen, der mit der Bemerkung endet: Wir wissen nichts, die sogenannte Wissensgesellschaft ist ein großer Schwindel. Es ist eine unbestreitbare Tatsache, daß wir heute die umfassendste Verblödung des Menschengeschlechts erleben. Merkwürdig bei ihm ist der nahtlose Übergang von flammender Rede zu einem melancholischen Brüten, als würden zwei oder meh-

rere Personen in ihm leben, ein aufbrausender An-
kläger und ein demütiger Bewunderer, die sich gegenseitig nicht ganz grün sind. Während ich darüber
nachdenke, überfällt er mich mit einem neuen Rede-
schwall: Haben Sie je einen Biologen in einer der furchtbaren Talkshows gesehen? Einen Genforscher? Einen
intelligenten Menschen? Während ich krampfhaft
überlege, wen ich gerade bei der Maischberger oder
Illner oder bei Kerner gesehen habe, gibt er schon die
Antwort: Nein, nur ausrangierte Tennisspieler, drittklassige Schlagersänger oder sogenannte Modeschöp-
fer. Lagerfeld auf allen Programmen, ein Mann, der
buchstäblich nichts zu sagen hat und vor lauter Scham
darüber sich einen Fächer vors Gesicht hält. Ein reines,
abgemagertes Nichts, zur besten Sendezeit. Für einen
»hohen fünfstelligen Betrag« hat die ARD für uns und
unsere Pisa-Dummchen Frau Harald Juhnke einge-
laden. Man sollte vor die Gespräche mit Lagerfeld &
Co. ein Schild analog der Warnung auf Zigaretten-
schachteln schalten: Diese Sendung fügt Ihnen und
den Menschen in Ihrer Umgebung erheblichen Schaden zu. Aber wenn wir zum Beispiel Herrn Ploog, den
Oberintendanten der ARD, darum bitten, die Kultur-
programme nicht immer mehr in Richtung Mitternacht auszustrahlen, erhält man eine patzige Antwort.
Warum darf Joop, der den schlechtesten Roman des
Herbstes geschrieben hat, stundenlang Reklame für
seinen Mist machen?

Während ich, um Michael Krügers Rede nicht zu
stören, angestrengt auf die lodernde Buche starre,
frage ich mich, ob seine Empörung vielleicht daher
rührt, daß Frau Illner oder Herr Beckmann ihn nie ein-
geladen haben. Also frage ich ihn. Er schaut mich pa-

thetisch-verblüfft an und sagt: Ja, das wäre die Lösung, dann könnte man zum Beispiel mal erzählen, daß die Frau des Chefredakteurs der BILD-Zeitung, in der täglich Reklame für Bohlen gemacht wird, Co-Autorin der Bohlen-Memoiren ist. Wenn ein städtischer Angestellter seiner Frau einen Auftrag zuschustert, kommt er bei BILD an den Pranger, aber die eigenen Schweinereien sind erlaubt. Wir leben in einer Zeit der Lüge, der Feigheit und des Verfalls der gesellschaftlichen Institutionen, und die ökonomische Krise ist nur ein Anhängsel daran.

Als er gerade zu einer neuen Rede anheben will (»Nehmen Sie einmal den europäischen Verfassungsentwurf...«), springt gottlob ein Eichhörnchen mit einem mächtigen Satz aus der Buche auf einen schon kahlen Ahorn. Wußten Sie, sagt er, daß die Eichhörnchen vergessen, wo sie ihre Nüsse vergraben haben? Eine Tragödie!

Die Stunde ist fast um. Er hat über den bedauernswerten Stand der Hochschulen, über die Kirche und die anstehende Papstwahl, über das Klonen, die desaströse Wirtschaftspolitik, über den Bertelsmann-Konzern, den er offenbar besonders schätzt, und über hundert andere furchtbare Dinge geredet, als müsse er vor Arbeitsbeginn alle Welträtsel wenigstens zur Sprache gebracht haben. Inzwischen werden bedenklich schwankende Papierhaufen in das ohnehin übervolle Zimmer geschleppt, in dem zahlreiche mit Büchern und Manuskripten gefüllte gelbe Plastikwannen der Post auffallen. Mein Vater war bei der Post, sagt der Verleger mit ernster Miene, zu einer Zeit, als man noch Briefe schrieb. Während er redet, stellt er den Laptop an, auf dessen Schirm in langen Reihen die Absatzzahlen auftauchen. Gottseidank, murmelt er zufrieden vor sich hin, die deutsche Literaturkritik zeigt Wirkung. Er bringt mich die vier Treppen hinunter zur Tür und fischt dabei einige Bücher aus den Regalen: eine voluminöse Mahler-Biographie von Jens Malte Fischer, *Sarah tanzt* von Erwin Koch, das letzte Buch von Botho Strauß und Karl Schlögels *Im Raume lesen wir die Zeit*. Lesen Sie, ruft er mir zu, dann wissen Sie, warum ich intelligente Bücher liebe!

Schon morgens um neun sieht er ziemlich abgekämpft aus, denke ich, den Bücherstapel im Arm, und möchte ihm etwas Aufmunterndes sagen. Und wann schreiben Sie Ihre eigenen Bücher? frage ich, aber er hat sich in seinem grauen Pullover (»davon besitze ich acht Exemplare, die perfekte Tarnung!«) schon abgewandt. Es ist neun Uhr, jetzt muß er arbeiten. Am 9. Dezember wird er sechzig Jahre alt.

Statt eines Nachworts

Über die Bücher, die noch zu schreiben sind

für Peter Sloterdijk

Spät in der Nacht, wenn die gelassene Dämmerung
schon der Vergangenheit gehört, die sich anschickt,
auch diesen Tag zu löschen wie alle Tage zuvor,
schlagen wir, unsicher, ob es eine Zukunft gibt,
die sich vergleichen läßt, die »Historische Astrologie«
    auf,
um nach unsern alten Notizen zu suchen.
Wie Falter steigen die Ideen aus dem mürben Papier,
»Zur Verteidigung der Demut«, »Eine kurze Ge-
    schichte der Reue«,
ein »Kommentar zu den nicht vergeudeten Tränen«,
flüchtig notiert auf winzigen Zetteln, Rechnungen,
Kinokarten, aus einer Zeit, als die Gegenwart
sich – vergeblich, wie wir wissen – nach Vergangen-
    heit sehnte.
»Studien zum Problem der Geduld«, »Traktat über
    die Sehnsucht«,
»Vorbereitende Überlegungen zu einer stummen
    Wissenschaft«,
die, wenn wir unserer eigenen Schrift trauen wollen,
nicht zur Verbreitung bestimmt war. Angehängt
ein Abholschein von der Reinigung mit der Notiz:
»Die schweigende Aufklärung. Ein Lob der Askese.«

Swift, hatten wir geschrieben, wollte sterben wie eine
  Ratte
im Winkel. »Barmherzigkeit als Waffe des Fort-
  schritts«,
lauter Entwürfe, Projekte, Clownerien und Skizzen
aus einer Welt, in der die Illusion als harte Währung
  galt.
»Anatomie des Kummers«, »Geheime Verab-
  redungen.
Über die Ähnlichkeiten von Glück und Schmerz«.
Und schließlich – in Versen – ein »Lob des Erbar-
  mens«,
vorzutragen von Schutzengeln mit leicht entzündeter
  Stimme.
Und dann würde es wieder Tag.

Inhalt

II

ÜBER DEN BETRIEB